Eva Jaeggi

Alte Liebe rostet schön

Eva Jaeggi

Alte Liebe rostet schön

Was Paare zusammenhält

KREUZ

MIX
Papier aus verantwor-
tungsvollen Quellen
FSC® C106847

© KREUZ VERLAG
in der Verlag Herder GmbH, Freiburg im Breisgau 2013
Alle Rechte vorbehalten
www.kreuz-verlag.de

Satz: de·te·pe, Aalen
Herstellung: fgb · freiburger graphische betriebe
www.fgb.de

Printed in Germany

ISBN 978-3-451-61190-2

Inhalt

Vorwort 7

Weißt du noch? – Die gemeinsame Welt 13

Wie siehst du das eigentlich? – Deutungen der Welt 37

Immer wieder das Gleiche –
Wohltuende Routine und Langeweile 54

Bist du mir noch böse? –
Verzeihen – verdrängen – vergessen 71

Kann er mich noch begehren? –
Sexualität und der alte Körper 88

Wie hieß der noch mal? – Schwäche und Krankheit 93

Muss ich denn alles alleine machen? –
Hilfe und Fürsorge 107

Wohin mit Mama? – Die uralten Eltern 118

Kinder? Naja … – Aber Enkelkinder,
die sind ein Glück 128

Gelingende Gemeinsamkeit –
Was ist denn eine »gute Ehe«? 137

Lieben wir uns noch? – Die Liebe bewahren 150

Gertrud und Paul – Ein ungewöhnliches Paar 158

Niemals mehr? – Witwenschaft und zweite Bindung 181

Empfohlene Literatur 191

Vorwort

Dies ist ein Buch über das langjährige Zusammenleben älterer Menschen. Ich habe viele Paare danach gefragt, wie sie ihr Leben organisieren, welche Bedeutung ihre gemeinsam verbrachte Vergangenheit hat und wie sie mit mancherlei Widrigkeiten des Alters umgehen. Vor allem aber wollte ich auch wissen, ob sie im Alter neue und vielleicht sehr befriedigende Ressourcen für ihre Partnerschaft entdeckt haben.

Alle Menschen, die hier vorgestellt werden, sind mir bekannt aus freundschaftlichen und auch aus therapeutischen Gesprächen. Sie entstammen meist einer finanziell gesicherten Mittelschicht und haben keine Probleme mit der »Altersarmut«, wie leider heutzutage schon wieder mehr Menschen als früher.

Wie immer in solchen Darstellungen habe ich Personen und Situationen so vermischt, dass zwar typische Strukturen, aber keine Einzelpersonen erkennbar sind.

Man fragt sich natürlich, für wen solche Darstellungen überhaupt noch Sinn machen? Die von mir beschriebenen Menschen sind meist im Pensionsalter, manche werden vielleicht nicht mehr lange leben, einige sind schon gestorben. Jedenfalls sind sie nicht mehr sehr weit entfernt vom Ende ihres Lebens. Was also soll das Ganze? Sind die inneren und äußeren Kämpfe, die eine Beziehung ausmachen, die schönen und die weniger schönen Zeiten, wirklich noch interessant für jüngere Menschen? Kann man etwas lernen, wenn man sich das Leben nunmehr 60- bis 80-jähriger Paare ansieht?

Wie bei vielen bedeutenden Lebensfragen: Rezepte gibt es sicher nicht. Es gibt aber typische Fragen, die man sich auch in jüngeren Jahren stellen kann. Dass unser Leben von den historischen Bedingungen, unter denen solche Fragen stehen, bestimmt wird, dass die Lösungen solcher Lebensfragen sowohl unter historischen als auch unter individuell veränderlichen Vorzeichen jeweils anders aussehen – das zu erkennen scheint mir auch für jüngere Menschen wichtig.

Paare im höheren Alter (sofern sie aus der Mittelschicht stammen) haben sich in ihren mittleren Jahren z. B. oft mit den damals neu aufgekommenen Partnerschaftskonzepten abgemüht, wobei die Vorstellung, die Ehe, die Sexualität, der gemeinsame Alltag müsse »frei« sein, die Beziehung müsse ein Maximum an Freiheit für den Einzelnen bedeuten, einen wichtigen Raum einnahm. Die damals noch recht kontrovers diskutierte Frage des Berufes der Frau war Teil vieler Ehestreitigkeiten. Die 68er-Generation, wenngleich erst in den Startlöchern ihres Lebens, bestimmte manchmal sogar das Leben der Eltern mehr, als es umgekehrt der Fall war.

Haben die Paare sich, nach dem Abflauen dieser bewegten Jahre, wieder zurück bewegt, haben sie sich doch wieder der »guten alten Zeit« angenähert? Oder hat sich ihr Altersleben grundsätzlich geändert, gibt es heutzutage andere Formen der Altersehe als früher – jenseits von Streitehe und Philemon-Baucis-Kitsch? Hat die damals durchgesetzte »Streitkultur« bis ins Alter hinein vorgehalten?

Wie verbindet man die altersgemäß einsetzenden Schwächen, oft peinliche Schwächen, mit dem Respekt vor dem anderen? Und: Wie kann man die früher empfangenen Wunden verzeihen?

Bei der Begleitung von Menschen über längere Zeit – sei es in Freundschaften oder in Therapien – habe ich es immer wieder spannend gefunden, wie die jeweils unterschiedlichen Bedeutungen, die man dem eigenen Paarleben im Laufe der Entwicklung gegeben hat, sich im Alter nun wiederum verändern können. Der »Rahmen« des Lebens erlaubt es nun, neue Facetten des Ehelebens zu sehen. Es handelt sich manchmal um eine zweite Ebene der Reflexion, also um eine Deutung der früheren Deutungen. Man weiß darum, was man früher dem Partner und der Partnerschaft zugeschrieben hat und man kann diese alten Ebenen neu aufbrechen und neu überdenken – das ist einer der Vorteile reflektierten Alterns.

Ich denke, dass dies jüngeren Menschen einen Horizont aufzeigt, der sie in ihrem Denken über sich selbst und andere freier machen kann, und ihnen die Möglichkeit gibt, ihre eigenen Deutungs- und Reflexionsmuster zu relativieren.

Ein anderes Thema, das auch für jüngere Menschen wichtig sein kann, ist der Umgang alter Paare mit den Verletzungen, die man einander im Laufe des Lebens zugefügt hat. Ist Verzeihen – Verdrängen – Vergessen der angemessene Umgang damit? Bleiben immer noch Wunden? Gibt es Dinge, die man nicht vergessen und verzeihen kann? Wie viel Offenheit ist nötig, was bleibt im Dunkeln?

Oft erst beim Verlassen der Ehe (oder wenn einer stirbt) merkt man, wie viel an »gemeinsamer Welt« man sich erobert hat, wie sehr die Kategorien, unter denen man die Welt betrachtet, sich angeglichen haben. Dies kann man als einen großen Vorzug des Paarlebens ansehen, es kann aber auch zur Verengung führen und bringt dann Verkümmerungen hervor. Wie man zur »gemeinsamen Weltkonstruktion« (Berger & Luckmann, 1969) steht, in welcher Weise man sich davon auch wieder lösen kann: Auch das ist ein Thema, das weit über das Alter hinaus für denkende Menschen und Paare in jedem Alter relevant sein kann.

Auch alte Menschen haben die Möglichkeit, sich neu in der Welt einzurichten und damit wiederum ein Stück neue gemeinsame »Weltkonstruktion« zu gestalten. Meist bietet ihr Leben nun andere Möglichkeiten als früher – egal, ob sie als schlechter oder als besser bewertet werden. So ergibt sich mehr oder weniger Zufriedenheit im Alter.

Alle diese Themen greifen tief in die Grundtatsachen des menschlichen Lebens hinein, vor allem in die des menschlichen Beziehungslebens.

Dies ist also mehr als ein Buch über die Alterseinhe; es ist – wenn es sein Versprechen erfüllt – ein Buch über das menschliche Leben selbst in seinen immer wieder neuen Gestalten und Gestaltungsmöglichkeiten.

Wie in vielen Bereichen unseres Beziehungslebens steht auch die Alterseinhe unter dem Diktat der Moderne, das heißt, sie wird weniger »selbstverständlich« gelebt als in früheren Zeiten. Nicht nur ist ihre Dauer länger als sie je war, sie wird auch mit mehr Reflexionen begleitet als früher, sie wird sogar, öfter als gedacht, noch im hohen Alter geschieden.

Schon ihre im Prinzip lange Dauer (oft 50 bis 60 Jahre statt der, je nach Zeitalter, 12 bis 20 Jahre) fordert neue gesellschaftliche und persönliche Überlegungen und Bedachtsamkeiten heraus. Es gibt neue Problemfelder, etwa die »postelterliche Partnerschaft«, und neue Formen der

Kommunikation. Wo die traditionelle Rolle der Ehe als Hort der Nachkommenschaft und Lebensgemeinschaft für die Kinder nicht mehr genügt, muss man sich fragen, welche Funktion denn die lange Dauer der Gemeinsamkeit im Alter noch haben kann und wie sie sich gestaltet.

Unsere Beziehungen insgesamt – Partnerschaft, Elternschaft, Freundschaft, Kollegenschaft – sind nicht mehr in gleicher Weise wie in anderen Zeiten von klaren Rollenvorgaben geprägt. Deshalb müssen alle diese Beziehungsformen, die variationsreicher aussehen als früher, in einem Prozess individueller Reflexion neu gestaltet werden. Nichts ist mehr ganz selbstverständlich. Man wird zum Reflektieren über die eigene Lebensform gezwungen – spätestens dann, wenn die üblichen Probleme des Alters zuschlagen.

Natürlich, und das ist gar nicht so selten, kann man sich einfach in Klagen ergehen über die vielen Veränderungen, die sich im Laufe eines gemeinsamen Lebens ergeben haben. Oft empfindet man sie als Verschlechterung, ja als eine Ungerechtigkeit. Eigentlich, so denkt man mehr oder weniger bewusst, hätte man vom Leben mehr erwarten dürfen. Und jetzt wird einem auch noch das genommen, was man sich so mühsam erarbeitet hat an Gemeinsamkeit: Der Partner ist kränklich oder einfach nicht mehr so lebenslustig, die Freunde sterben, das Leben engt sich ein, weil der Beruf oft wegfällt.

Dieses Leben in einem anderen Rahmen aber ist eine neue Chance, auch für die alte Ehe. Es ist die Chance, sich reflektierend mit einer geänderten Situation auseinander zu setzen – übrigens fast ohne ein Vorbild durch die ansonsten sehr redseligen Medien. Denn für die Lebensformen alter Paare gibt es wenige Leitbilder. Alte Paare fungieren in den durch die Medien vermittelten Bilder meist nur als Hintergrundfiguren, es tut sich bei ihnen scheinbar nicht mehr sehr viel. Für die Dramatik sorgen die jüngeren Paare, bei denen noch Leidenschaften lodern und heftige Veränderungen möglich sind.

Alte Paare leben im Durchschnitt bestimmt ruhiger und undramatischer. Aber wenn das Paar sich nicht einigelt in eine nur allzu vertraute Lebensform, dann tut sich sehr viel im »Inneren«; es gibt eine innere Dramatik, die durchaus beachtenswert ist. Sie bietet immer wieder neue Entwicklungsmöglichkeiten, wenn man sie wahrnehmen kann. Das innere Leben des Menschen kann – Gott sei Dank – nie ganz zur Ruhe kommen, bevor die letzte Ruhe eintritt.

Tritt diese Ruhe schon vorher ein, dann allerdings hat sich alles »nicht gelohnt«. »War das alles?«, fragt sich manch einer, der mit dem Leben im Alter unzufrieden ist. Ja, das war alles – aber es hätte sehr viel mehr sein können!

Weißt du noch? – Die gemeinsame Welt

Die Soziologen P. Berger und Th. Luckmann (1969) haben in ihrem Buch über die Konstruktion der Wirklichkeit sehr eindringlich beschrieben, wie Menschen sich in dialogischer Form die Ereignisse in ihrem Leben veranschaulichen: bewertend, pointierend, mit bestimmten wichtigen Zeichen versehend. Meist tauscht man sich im Gespräch aus, es kann aber auch nonverbale Zeichen geben – ein hämischer oder bewundernder Blick, die sorgenvoll gefurchte Stirn und Ähnliches. In überspitzter Form könnte man sagen, dass erst solche Zeichen den Ereignissen Bedeutung verleihen und auf diese Art eine gemeinsame »Welt« zwischen Menschen entsteht. Diese gemeinsam besprochenen oder auf andere Weise bewerteten Ereignisse lassen »Erlebnisse« entstehen. Aus sozusagen neutralen Fakten werden gemeinsame Erfahrungen, die man benennen und wieder hervorrufen kann. Nicht jedes einzelne Erlebnis ist immer bedeutungsvoll, aber die Summe von gemeinsamen Erlebnissen zwischen Menschen, die miteinander viel zu tun haben, lässt einen gemeinsamen Erfahrungsraum entstehen, der innere Verbindungen schafft. Das müssen nicht Paare sein, das gleiche gilt auch für Freunde, Arbeitskollegen oder alte Schulkollegen.

Berger und Luckmann erläutern dies beispielhaft am »Nach-der-Party-Gespräch«. Erst in der Nachbesprechung des Paares wird herausgearbeitet, welche Bedeutung die Bemerkung von Frau M. hatte, wie man die auffällig jugendliche Kleidung von Herrn L. beurteilen soll und ob die Kinder der K.'s nicht doch allzu brav seien. Das muss nicht immer in Eintracht geschehen, aber es werden die Kategorien herausgearbeitet, unter denen man Geschehnisse betrachten kann. Manches Paar wird sich nach der Party vor allem an der Kleidung der einzelnen Gäste orientieren, ein anderes an der Art und Weise, wie sich die Leute ins Gespräch brachten oder wie viel sie gegessen und getrunken haben.

Einander langjährig verbundene Paare entwickeln solche Kategorien und grenzen sich damit auch ein wenig ab von anderen Menschen. Es entsteht im Inneren eines Paares eine eigene »Welt«, in der man sich oft mit Andeutungen begnügen kann, wenn man einander etwas mitteilt, das unter anderen Umständen sehr viel mehr Worte bräuchte. »Na, heute war Liselotte wieder mal in ihrem Element« – das genügt um auszudrücken, dass Liselotte, eine begeisterte Anhängerin des Vegetariertums, die ihre Haltung zum Fleischessen immer mit viel Verve vertritt, sich heute wieder einmal sehr viel Raum genommen hat, um ihre Thesen auszubreiten, ja, dass einem dies wieder einmal auf die Nerven gegangen ist.

Das Leben eines Paares bestimmt sich auch dadurch, ob ein mehr oder weniger reichhaltiges Netz von Kategorien zur Beurteilung der gemeinsamen Welt entwickelt werden kann. Auch die Dominanz des einen oder anderen in dieser Beziehung wird hier sichtbar. Es gibt Paare, die sehr stark von den Kategorien des einen (der einen) geprägt sind, es gibt aber auch solche, die sich ihr System laufend neu und noch vielfältiger erarbeiten, indem sie alle Ereignisse gemeinsam besprechen.

Thomas und Angelika sind ein solches Paar, das sich redend und handelnd die Welt immer wieder neu erschließt. Sie arbeiten gemeinsam als Ärzte auf dem Land und sind in vieler Hinsicht ein Herz und eine Seele – vor allem aber auch im dauernden Gespräch. Angelika sagte mir einmal, dass sie, wenn sie etwas alleine erlebe, sich immer schon darauf freue, dies mit Thomas besprechen zu können – es wäre für sie jedes Mal interessant zu hören, wie er eine Situation beurteile, im beruflichen wie im privaten Leben. Dass diese Dimension ihres Paarlebens auch zur gegenseitigen Liebe beiträgt, kann man verstehen.

Heinz und Irene allerdings sind nicht unbedingt ein Idealpaar, sie hatten und haben viele Probleme. Andere Partner(innen), fremdgehen, Geheimnisse – das alles nagt auch noch im Alter an ihrer Beziehung. Immer aber haben sie betont, dass sie es »interessant« fänden, miteinander zu sprechen. Sie teilen einander gerne ihre Beobachtungen mit, sie versuchen, Motive anderer Menschen zu begreifen, sie beurteilen gemeinsam die politische Lage und sind – wenn es gut geht – einander im Gespräch sehr zugetan.

Als eine ihrer tiefen Krisen (eine heiße Altersliebe von Heinz) beinahe zur Trennung führte, schildert Irene, wieso es nicht dazu gekommen ist. Ihre letzte gemeinsame Reise sollte der Aussprache dienen: »Wir saßen auf der Terrasse unseres Hotels und besprachen relativ ruhig, wie wir fortan unser Leben einrichten würden – getrennt, aber nicht feindselig. Als wir wie immer dieses Vorhaben nicht nur in den äußeren Belangen, sondern auch in allen inneren Vielfältigkeiten erörterten – was würde wem am meisten fehlen, welche Alltagsstrategien sind möglich, um den Verlust nicht so krass spürbar werden zu lassen etc. – da kamen mir die Tränen und im gleichen Moment sah ich, dass auch Heinz weinte. Sind wir eigentlich verrückt?, fragte er, und ich wusste natürlich sofort, was er meinte. Es war klar: In solcher Weise würden wir nie mehr mit einem anderen sprechen können, wir waren zusammengeschweißt, nicht nur durch unser langes gemeinsames Leben, sondern auch durch unser dauerndes Gespräch.« Bis heute lebt das Paar zusammen.

All dies klingt, als würden sich alle Paare im Dauergespräch befinden. Dies ist natürlich nicht der Fall, manche Paare sprechen sogar recht wenig miteinander, wie manch höhnischer Bericht über das Paarleben konstatiert. Trotzdem können sich auch solche Paare recht einig sein in der Beurteilung von Geschehnissen. Ihre Kategorien sind nicht unbedingt differenziert, aber sie haben sich eingerichtet in einer Welt, die sie nach ihrer Weise einteilen.

Leonie und Rudolf zum Beispiel haben eine alles überschattende Kategorie gefunden, mit der sie Menschen beurteilen: »Spießig«. Was immer mit dieser Kategorie ausgedrückt werden soll – sie ist zwischen den beiden eine klare Marke der Verständigung. Sie bezieht sich auf die Kleidung eines Menschen, auf seine Wohnung, auf Meinungen und Interessen. Für Außenstehende ist es nicht immer klar, wer warum unter dieses Label fällt – aber die beiden sind sich einig darüber, wer als spießig oder eben nicht spießig zu gelten hat. Auch dies einigt die beiden, obwohl es sonst vielerlei Klagen von beiden Seiten gibt.

Dass man sich eine gemeinsame Welt aufgebaut hat in den vielen Jahren des Zusammenseins, gilt für die meisten Paare. Man merkt es aber oft nicht mehr so richtig. Man »spürt« mehr, als dass man darüber spricht, dass man ähnliche Einstellungen hat, Ähnliches fühlt.

Die Dominanz des einen Kategoriensystems über das

andere kann allerdings zur Beendigung einer Partnerschaft führen, oder zur Langeweile. Dass Corinna jede, aber auch jede Bekanntschaft oder Freundschaft ihres Mannes mit Arbeitskollegen als »intellektuell öde« bezeichnete, führte schließlich zum Ende der Beziehung, obwohl Hannes sich der Beurteilung durch Corinna nie ganz verschlossen hat. Hannes hatte immer gerne Karten gespielt, auch Pokern gehörte zum Hobby seiner Freundesgruppe. Er wollte, wie er sagte, wenigstens in seiner Freizeit den Kopf frei haben. Corinna, eine begeisterte Romanleserin und Theatergängerin, empfand solche Hobbys als primitiv. Die Gemeinsamkeiten in ihrem Leben wurden immer weniger. Die Ehe erodierte, Hannes brachte kaum mehr Freunde nach Hause, das Paar entzweite sich.

Natürlich ist es nicht nur das »Gespräch«, das eine gemeinsame Welt entstehen lässt. Es sind die Freunde, es sind die Interessen, es sind die häuslichen Belange. Dass aber Freunde und Interessen sich zur Gemeinsamkeit eignen, ist wiederum der gemeinsamen Beurteilung geschuldet. Ist man sich zum Beispiel uneins über die Qualität von Freunden, dann werden sie wohl bald nicht mehr zur »gemeinsamen Welt« gehören – oder solch dauernde Uneinigkeit führt dazu, dass man sich trennt. Man findet eben keine »gemeinsame Welt«.

Albert und Connis Welt zum Beispiel hat nach den ersten Jahren des Aufbaus viel an Gemeinsamkeit verloren. »Ich finde Connis Freunde langweilig«, sagte Albert, ein Künstler, und da Conni in sozialen Belangen durchaus das Sagen hatte und Albert sich wenig um andere Freunde kümmerte, igelte sich Conni in einen Kosmos mit ihren Freundinnen ein, und Albert verlor sich im Beruf. Es dauerte lange, bis die beiden sich auch auf der Ebene der gemeinsamen Freundschaften gefunden hatten. Auch mit den gemeinsamen Interessen war es zwischen den beiden schwierig. Albert hat Conni viel zugemutet in den mittleren Jahren. »Ich habe mit dir keine geistige Gemeinsamkeit«, so begründete er seine Liebschaft mit einer Musikerin aus seiner Band. Erst in ihren späten Jahren haben die beiden wieder zusammengefunden, und Albert hat nach dem Scheitern mehrerer Außenbeziehungen gemerkt, was ihn wirklich mit Conni verbindet. Sie sind jetzt ein Paar, das sich auf vielen Ebenen gefunden hat und sich offenbar ernsthaft um Gemeinsamkeiten bemüht. Unter anderem hat Conni für Albert, einen Musiker, der angewiesen ist auf immer wieder neue Engagements, eine Art kleiner Agentur eingerichtet. Sie begleitet ihn bei Konzerten, sie knüpft Verbindungen und ist ziemlich erfolgreich damit. Ein Kollege ihres Mannes hat sie gebeten, doch auch für ihn zu arbeiten. Sie will sich das überlegen. Albert und Conni haben nun genügend Gemeinsamkeiten und natürlich drehen sich ihre Gespräche oft um die gemeinsame Arbeit. Diese gehört nun schon seit einigen Jahren zu ihrer gemeinsamen Welt.

Die gemeinsame Welt ist also ein Geflecht von Erfahrungen, Urteilen, Freunden, Familie und äußerem Rahmen, von Wohnen und Umgebung.

Das alte Paar ist oft in großem Maß darauf angewiesen, dass diese gemeinsam »erarbeitete« Welt noch einigermaßen intakt ist, denn sie ist im Alter bedroht. Sie kann auch – zumindest in einigen Teilen – verloren gehen.

Sie ist bedroht durch ihre Erstarrung, durch eine Abschottung des Paares, wenn sich nichts mehr »bewegt« und sie ist außerdem bedroht durch das Verschieben des Gleichgewichts zwischen den Partnern. Die Verlebendigung der Welt durch den Diskurs ist ein Prozess. Hat sich ein Paar allzu sehr eingeschlossen in die eigene Welt, d. h. in die Welt, in der nur mehr die eigenen Kategorien gelten, dann droht Langeweile. So wunderbar es sein kann, wenn ein Paar (es kann übrigens auch ein Freundschaftspaar sein) sich um die Herausarbeitung von Kategorien bemüht, um sich ein Stück Welt begreifbar zu machen, so schwer lasten alte und abgestandene Kategorien auf dem Paarleben, wenn sich ewig nichts ändert. Alte Paare sind gefährdet. Ist nicht alles schon gesagt über die schwierige Beziehung zur Mutter? Waren wir uns nicht schon seit Langem einig, dass die Freundin Helene nie erwachsen wird, dass ihr Mann ein armseliger Tropf ist, der sie noch immer bewundert?

Die gemeinsame Welt wird »erarbeitet«, das aber bedeutet, dass es sich um ein eigentlich unabschließbares Projekt handelt, das immer wieder neu für Spannung sorgt.

Lange Zeit kann die Dominanz eines Partners sich durchaus vertragen mit einem recht harmonischen Paarleben. Außenstehende mögen vielleicht ein wenig überrascht sein, dass es nur eine Meinung gibt, aber das Paar selbst fühlt sich dabei oft gar nicht schlecht. Wehe aber, wenn sich – was im Alter sehr oft passiert – die Dominanzebene verschiebt!

Grete und Armin galten lange Jahre, bis weit ins beginnende Alter hinein, als ein Vorzeigepaar. Grete war Malerin, und wenn sie auch nicht als eine große Künstlerin bezeichnet werden konnte, so hatte sie auf diversen Sammelausstellungen mit ihren Collagen und sehr zarten Aquarellen doch immer wieder Erfolg und verkaufte zeitweise eine ganze Menge der hübschen Bilder. Armin, ein sehr dominierender und kluger Mann, hatte früher in leitender

Stellung in einem großen Betrieb gearbeitet und sich in den mittleren Jahren auch politisch engagiert. Die beiden waren beliebte Gastgeber und Gäste: Man konnte an interessanten Diskussionen teilnehmen, Armin war in der Welt der Politik und der Wirtschaft daheim, wusste sehr viel und ließ keinen Zweifel darüber aufkommen, dass er das Sagen hatte. Grete pflichtete ihm fast immer bei; tat sie es nicht – manchmal schimmerte so etwas wie Trotz durch – dann war sie schnell zu überzeugen. Armin bewunderte Grete zwar in ihrer, wie er sagte, »hoch emotionalen Art der Weltbetrachtung«; er hatte aber jedes Argument parat, um diese Art der Weltbetrachtung wiederum an ihren eigenen Widersprüchen zerschellen zu lassen. Grete schien dies nicht übel zu nehmen.

Als beide die 70 überschritten hatten, drehte sich das Rad: Armin bekam die Parkinson-Krankheit, und langsam zeigte sich, dass er immer mehr an Kompetenzen einbüßte. Autofahren: schwierig; alleine ausgehen – nicht ganz ungefährlich; Treffen mit Freunden: Das wäre zwar ohne weiteres möglich gewesen, aber Armin schämte sich seiner zittrigen Hände. So wurde das Paar einsam. Die sanfte, liebenswerte Grete aber fühlte sich nun alleine gelassen. Dass ihre körperliche Überlegenheit dazu führen sollte, die gemeinsame Welt neu zu strukturieren, machte sie hilflos. Armin war nicht mehr der Alte, auch psychisch nicht, seine Energie schien verbraucht. »Wir sitzen nun da als zwei Alte, die sich miteinander langweilen oder streiten«, sagte er. Und von ihr konnte man hören, dass seine Passivität auch für sie lähmend sei. Grete hat sich aufs Jammern verlegt: »Und früher war er doch so lebendig, er hatte so viele Ideen, er war immer aufgeschlossen für Abenteuer« – das waren die Klagen, die man bei jedem Telefonat hören konnte. Es war klar: Grete konnte alleine nicht daran arbeiten, dass zumindest die frühere Welt noch in Konturen sichtbar blieb. Auch schien es nicht möglich, ein neues Stück Welt aufzubauen. Sie gab auf, schwankte zwischen Depression und Wut und beklagte immer wieder, dass doch »früher alles so schön« gewesen sei. Warum könne Armin sich nicht aufraffen? Warum solle sie nun alles in die Hand nehmen?

Armins Ärzte sagen einstimmig, dass er sehr viel mehr tun könne, als er nun tue: Er sei geistig nach wie vor unbeschadet, er habe eigentlich einen eher langsamen Verlauf der Krankheit. Niemand kann einsehen, wieso sich das Paar so sehr verändert hat.

Was sich verändert hat, ist die Dynamik zwischen den beiden. Natürlich ist Armin durch die Krankheit eingeschränkt. Als Paar könnten sie trotzdem noch sehr vieles kompensieren. Aber die Einschränkungen von Armin passen nicht in das Bild, das Grete hat. Sie müsste nun mehr übernehmen: an Geselligkeit, an Vorschlägen, an der »Konstruktion« einer neuen Welt, die der Krankheit angepasst ist. Natürlich wäre auch seine Mithilfe gefragt – es scheint aber so, als könne er nur dann »funktionieren«, wenn er wirklich das alleinige Sagen hat. Es bietet sich das Bild eines Paares, das nun nur mehr »reagiert« und nicht von sich aus etwas in Bewegung setzt. Sie telefonieren nicht mit alten Freunden, sie schreiben keine E-Mails mehr, und sie beschränken sich darauf, ihre zwei Töchter dauernd anzurufen und zu fragen, was sie in dieser oder jener Situation tun sollten. Sogar die einst sehr geliebten Enkelkinder sind nun nicht mehr so wichtig. Sie scheinen eher zu stören. Wenn man sich erinnert, welch wichtige Quelle von Überlegungen die vier Kleinen einmal gewesen sind, wird man ganz wehmütig. Irgendwann mussten die beiden den Entschluss fassen, in ein Seniorenheim zu ziehen, weil ihre weitläufige zweigeschossige Stadtwohnung im vierten Stock für die Behinderung von Armin zu schwierig wurde. Schon seit Längerem hatte er unten im Wohnzimmer schlafen müssen, Grete fühlte sich im eigenen Heim nicht mehr wohl. Die Übersiedlung in ein bequemes Seniorenheim schien eine gute Lösung. Es war dort wirklich angenehm, eigene Möbel hatte man mitgebracht, das Personal war freundlich. Dazu gab es noch eine Reihe wirklich guter kultureller Aktivitäten, an denen man teilnehmen konnte – aber die beiden hatten meistens »keine Lust« dazu, die Angebote entsprachen dann doch nicht ganz ihrem erlesenen Geschmack. Auch für den hübschen Park hatte Armin nichts übrig, weil das »Wohnen im Grünen« ihm nichts bedeutete.

Hier hat sich ein ganzer Kosmos zerschlagen, könnte man sagen. Es ist nichts mehr übrig von der spannenden Welt, die man in ihrem Haus erwarten konnte – und das ist nicht nur der Krankheit geschuldet. Es wird nun deutlich, dass zwar Armin diese interessante häusliche Welt im Äußeren getragen hat, dass aber Grete als ein sanfter, lieblicher Unterton viel dazu beigetragen hatte, dass diese Welt in solch harmonischem Einklang geblieben war. Die gemeinsame Welt, das kann man an diesem Paar sehr gut sehen, kann also auch verschwinden.

Natürlich fragt man sich, ob die Schicksalsschläge, die viele Paare durch Krankheit treffen, nicht notwendigerweise zum Verschwinden der gemeinsamen Welt führen. Höchstens kann man doch als alleine gelassener Paarmensch noch ein wenig für sich selbst retten? Alleine ins Kino gehen, wenn das mit Rollstuhl so schwierig ist, oder Freunde bitten, doch mal keine Familieneinladung zu machen und einen alleine einzuladen, damit man rauskommt und Ähnliches mehr. Man kann das natürlich tun, und je nach Schwere des Falls ist das auch nötig. Es kann wichtig sein, dass man sich alleine wiederum eine eigene Welt aufbaut – so schwierig das auch sein mag. Man kann aber auch einen Teil einer neuen gemeinsamen Welt aufbauen.

Sehr oft aber passiert weder das eine noch das andere: Es entsteht keine neue gemeinsame Welt, und auch der Einzelne baut sich nichts auf. Die Welt rund herum wird leblos.

Hans und Annelise sind andere Wege gegangen – fast bis zum Tod von Annelise. Hans hat nämlich trotz des schweren Schlaganfalls, der Annelise ihrer Mobilität beraubte und auch ihr Sprachvermögen behinderte, an den Gemeinsamkeiten festgehalten. Ein wichtiger Bestandteil ihrer Welt waren die Freunde gewesen, wobei man sich fast in ritueller Weise immer wieder getroffen hatte: zu allen Geburtstagen, zu Sylvester, einmal monatlich zum Bowlen. Sehr oft hatte man auch gemeinsam mit den Kindern Ferien gemacht.

Hans und Annelise waren die ersten, die vom Schicksal getroffen wurden. Hans überließ sich nicht lange der Verzweiflung. Er betonte immer wieder, dass Annelise nach wie vor »dazugehöre«, dass man nun eben die geselligen Anlässe etwas variieren müsse. Man lud sehr viel seltener in nicht behindertengerechte Wohnungen ein, die Freunde wechselten sich ab im Tragen des Rollstuhls, wenn das nötig war, und man organisierte Ferien so, dass Annelise mitkommen konnte. Hans verpflichtete auch Sohn und Tochter, mit ihm und Annelise ans Meer zu fahren, weil Annelise dies immer so sehr genossen hatte.

Und Annelise, die nun nur mehr wenig tun konnte für die Gemeinsamkeit (früher war die Freundschaftspflege ihre Sache gewesen) konnte ihre Dankbarkeit nur zeigen, indem sie nicht jammerte und sich selten anmerken ließ, wie sehr sie die veränderte Situation kränkte. »Du Armer«, murmelte sie manchmal, aber Hans wollte davon nichts hören. Erst als der zweite Schlaganfall ihr auch die Sprache raubte, musste Hans einsehen, dass nun die Freundes-Gemeinsamkeit wirklich sehr gemindert wurde. Zwar lud er ab und zu seine Freunde noch nach Hause ein – die Frauen besuchten ihn und Annelise öfter als die Männer –, aber natürlich war nicht mehr anzuknüpfen an früher. Das Leben beschränkte sich nun fast ausschließlich auf das eigene kleine Häuschen und den Garten. Hans hielt alles in Ordnung, er kochte und erledigte auch sonst die meisten Arbeiten selbst – aber nun erlebte er ihre Ehe doch als eine sehr einseitige Fürsorge-Gemeinschaft. Er jammerte nicht, aber dass ihm dieses Leben gefallen hätte, kann man sicher nicht sagen. Immer noch aber distanzierte er sich nicht. Sehr oft saß er am Abend bei Annelise am Bett und erzählte von früher. »Weißt du noch? Als Ruth sich das Bein gebrochen hat und so stolz auf ihren Gips war? Als Sven die Kaninchen des Nachbarn aus dem Käfig »befreit« hat?« Und Annelise nickte, lächelte und zeigte auf die ihr mögliche Art und Weise, dass sie noch »dabei« war, dass sie immer noch innerhalb der Ehe lebte, wenn es auch nun vor allem Erinnerungen sein konnten. Man musste gar nicht ausmalen, was die Befreiungsaktion der Kaninchen alles nach sich gezogen hatte, beide sahen es vor sich: die empörten Nachbarn, die »ideologisch« unterfütterten trotzigen Argumente des Sohnes, der gerade entdeckt hatte, dass er selbst viel zu unfrei aufwuchs im engen elterlichen

Haus – alles, was dazugehörte an vorpubertärer Großsprecherei. Annelise lächelte, Annelise verzog das Gesicht, und Hans wusste, was sie gerade dachte.

Als Annelise den dritten Schlaganfall nicht mehr überlebte, meinten die Freunde im Geheimen, er müsse nun erleichtert sein, nun könne doch alles wieder weitergehen wie früher?

Dies war ganz und gar nicht der Fall. Selbst die kleinen Zeichen der Gemeinsamkeit, die noch möglich gewesen waren im letzten Jahr, hatten Hans viel bedeutet. Er fühlte sich leer und so, als wäre seine ganze Vergangenheit mit ihren guten und schlechten Tagen wie ausgelöscht. Es dauerte lange, bis er sich in ein neues Leben getraute und eine neue Gefährtin fand. Sie war um einiges jünger als er, sie hatte weder den Krieg noch die Nachkriegszeit miterlebt, und so froh Hans auch war um diese neue Gemeinsamkeit: Er vermisste oft recht schmerzlich, dass so vieles nun nicht mehr »gemeinsam« sein konnte. Der Aufbau neuer Gemeinsamkeiten war zwar möglich, aber Hans wusste, dass er die alte Selbstverständlichkeit nicht mehr erlangen konnte.

Die gemeinsame Welt wird erlebend, deutend, sprechend geschaffen. Die Art und Weise des Welterlebens – so eng oder so weit der Horizont auch sein mag – ist keine Einzelarbeit. Ist kein Partner gegeben, dann sind es Freunde, wichtige Lektüre und andere Informationsquellen, die das »stumme« Ereignis zum Sprechen bringen, damit es sprechend mitgeteilt werden kann.

Wenn die Partner ein sehr unterschiedliches Alter haben, dann fehlt manchmal eine Gemeinsamkeit, die verbindend wirken kann: die gesellschaftlich-politische Dimension. Für Paare, die jetzt in den höheren 70ern sind, ist vieles noch bezogen auf gemeinsame Erinnerungen an Krieg und Nachkriegszeit. Der Vergleich der Erfahrungen in diesen wirren Zeiten ist für manches Paar ein Zeichen ihrer Gemeinsamkeit.

Wie war das bei euch im Dorf, als die vielen Flüchtlinge aus dem Osten kamen?, fragt er. Und die Ehefrau, ebenfalls auf dem Land aufgewachsen, weiß sehr gut, was mit dieser Frage gemeint ist. Sie erinnert sich sehr wohl daran, wie das herzige kleine blonde Mädchen von ihren Eltern Kuchen oder Marmeladebrote zugesteckt bekam und wie die Nachbarin einmal, als sie dies sah, furchtbar geschimpft hatte: Man solle dieses Pack nicht auch noch verwöhnen. Ja, auch er kennt die Stimmung gut aus eigener Erfahrung. Auch seine Eltern haben gestöhnt über die vielen Neuen, die man nun irgendwie durchfüttern musste. Und die beiden, jetzt 75 und 77 Jahre alt, sind mit diesen Erinnerungen eingebunden in eine Zeit, zu der ihre oft jüngeren Freunde gar keinen Zugang mehr haben.

Almas und Herberts Altersunterschied beträgt nur zwölf Jahre, aber es gibt Erinnerungen an Bombennächte in Hamburg, die Herbert nie vergessen kann, während Alma – erst zwei Jahre nach dem Krieg geboren – seinen Erinnerungen lauscht, als wäre es ein gruseliges Buch. Sie kommt sich bei solchen Erzählungen trotz ihrer 66 Jahre noch immer wie ein Kind vor. Sie hat, so fühlt sie es dann, eigentlich im politischen Sinn »nichts erlebt«. Und auch die 68er-Jahre hat sie »verpasst«, obwohl sie damals schon hätte »dazugehören« können. In ihrem abgelegenen Dorf aber war auch diese Bewegung an ihr vorübergegangen, während sie noch die Haushaltungsschule besuchte. Später lebte sie als Au-pair zwei Jahre lang in Frankreich – wieder in einer Kleinstadt. Almas fabelhafte Entwicklung zur Leiterin der Filiale eines großen Kosmetik-Konzerns und ihre Ehe mit Herbert hat erst sehr spät dazu geführt, dass sie sich all dieser wichtigen gesellschaftlichen Begebenheiten so richtig bewusst geworden ist.

Die meisten Paare empfinden nicht unbedingt ein Defizit, wenn ihre Vergangenheit aus unterschiedlichen Zeiten stammt, aber bei manchen spielt es eine Rolle. »Sie versteht gar nicht, warum wir damals ohne schlechtes Gewissen Steine geschmissen haben«, oder: »Ihre Kindheit war so behütet in den angehenden 50er Jahren – da kann sie nicht begreifen, wenn ich noch heute nachts aus Alpträumen aufwache, weil ich brennende Häuser sehe«, etc.

Auch in schlechten Ehen gibt es natürlich die »gemeinsame Welt«, sie stellt sich automatisch her. Man kann aber auch »dagegen« arbeiten und so tun, als hätte man alleine gelebt, indem man gemeinsame Erlebnisse einfach »vergisst« oder sie ganz anders erinnert, vor allem, mit ganz anderen Gefühlen assoziiert. Das ist, in erträglichem Maß, ja sogar eine Art Gesellschaftsspiel, wenn Paare sich treffen: Sie erzählt eine Geschichte, er berichtigt, sie korrigiert ihn, er beharrt auf seiner Version und so weiter. Das kann amüsant sein, aber es kann auch in aller Ernsthaftigkeit bedeuten, dass man keine gute Basis gefunden hat, um die gemeinsame Welt fruchtbar zu machen.

Denn dies ist eine ihrer Funktionen: ein Gefühl der Verbundenheit herzustellen, sich abzusichern, dass der eine in der Erlebniswelt des anderen wirklich immer wieder vorkommt. Ole, der im Freundeskreis als »eingefleischter Junggeselle« bekannt war, hatte sich einmal doch mit einer seiner Geliebten zusammengetan. Sogar von Heirat war die Rede gewesen. Zwei Jahre später, als die Gemeinsamkeit auseinanderbrach, sagte seine Freundin, sie hätte sich wie eine Art Gegenstand gefühlt. Kurz nach dem Zusammenziehen habe Ole wie immer nur mehr seine eigene Männerwelt im Kopf gehabt. Er sei gekommen und gegangen wie es ihm gepasst habe – sie erinnere sich an gar nichts, das sie gemeinsam gemacht oder erlebt hätten. Deshalb, so erläuterte sie, ginge ihr auch gar nichts ab, sie sei sowieso alleine gewesen.

Zwar stellt sich die gemeinsame Welt, wenn einer sich nicht in der oben beschriebenen Weise absondert, irgendwie von selbst her – aber sie zu bewahren, sie auch zu vergrößern, das ist Sache auch alter Menschen, die in Partnerschaften leben. Die Gemeinsamkeit sollte nicht zu einer verblassenden Fotografie werden, auf die man gemeinsam blickt: Geburt, Konfirmation, der erste Volkswagen und die Panne damals … Gemeinsame Erlebnisse, die etwas Herausragendes an sich haben, sollten auch das Leben alter Paare krönen. Oft sind es Reisen, Freundesbesuche, Kunstgenüsse oder irgendwelche ungewöhnliche Blitzaktionen – das ist je nach Persönlichkeit, Interessen und Begabungen sehr verschieden. Das Leben beleben: Das kann ein Besuch in der Nachbarstadt sein, wo es ein ganz besonders schönes Jugendstil-Café gibt oder ein Blitz-Wochenende in Lissabon, wo man gerade ein besonderes Open-Air-Festival mitfeiern kann. Um das Leben in dieser Weise gestalten zu können, muss man offen sein, sich informieren und nicht nur in eingefahrenen Bahnen denken. Selbst wenn man kein Internet hat (was schade ist!), kann man den Tageszeitungen vieles entnehmen, was sich an interessanten Dingen anbietet. Zum Italiener um die Ecke Pasta essen zu gehen, ist allerdings nicht unbedingt dazu geeignet, im Album der Gemeinsamkeiten einen herausragenden Platz einzunehmen.

Aber Achtung: Es sind natürlich nicht nur die größeren Ereignisse, die zusammenbinden. Es handelt sich auch um fast unmerkbare kleine Pointen des Lebens, die man erfasst hat und gemeinsam als Erinnerungsschatz aufbewahrt. Jedes Paar hat seine eigene und ganz spezifische Form der Erinnerung; was wichtig und erinnerbar ist, bedarf der gemeinsamen »Bearbeitung«.

Natürlich hat auch jeder sein ganz eigenes »Fotobuch«, zu dem der andere keinen Zugang hat – aber dies überwiegt in einer guten Partnerschaft dann doch nicht.

Es ist allerdings auch wichtig, dieses »ganz eigene« Fotobuch für sich zu behalten. Dies gilt nicht nur für heimliche Verliebtheit, vielleicht sogar Affären. Letztere sind natürlich ein heikles Gebiet. Sollen in die »gemeinsame Welt« auch solche Erinnerungen eindringen? Wie viel Offenheit, wie viel Verschwiegenheit soll es geben? Dafür gibt es bestimmt keine Rezepte. Allerdings gibt es viele Beispiele dafür, dass allzu viel Vertrauen in die Großzügigkeit des anderen problematisch sein kann. Es muss schon möglich sein, die »eigene Welt« zu schonen.

Dieses Reservat für die eigenen Lebenswelten muss übrigens gar nichts Dramatisches sein. Es ergibt sich einfach, weil man ja üblicherweise sowieso durch getrennte Berufe eigene Erfahrungen macht, die für den anderen vielleicht belanglos sind.

Im Alter, wenn die Welt manchmal ein wenig »zusammenschrumpft«, besteht allerdings auch die Gefahr der Eintönigkeit, wenn wenig Neues dazukommt, wenn die alten und sozusagen »eingeübten« Kategorien keine »Nahrung« mehr bekommen. Deshalb ist es so wichtig, sich mit Neuem zu beschäftigen. Es ist wichtig nicht nur wegen der neuen »Synapsentätigkeit im Gehirn«, wie eine meiner

Freundinnen immer betont, sondern eben auch, weil solch neue Aktivitäten das Paar neu zusammen wachsen lassen.

Es gibt allerdings gemeinsame Erfahrungen, die manchmal so belastend sind, dass es nicht möglich ist, daraus etwas Gemeinsames zu machen. Wenn ein Kind stirbt oder ein behindertes geboren wird – das sollten, so meint man, Erfahrungen sein, die ganz eng und intim zur »gemeinsamen Welt« gehören. Oft ist dies auch so, aber gar nicht so selten entsteht darüber zwischen einem Paar Schweigen und Uneinigkeit.

Als der Selbstmord der Tochter eines der mir bekannten Paare neben der Verzweiflung und Trauer, die beide Eltern erfasst hatten, dazu führte, dass der Mann sich weigerte, zum Friedhof zu gehen oder auch nur über das furchtbare Geschehen zu sprechen, da fühlte sich die Frau so verlassen, dass sie einen Therapeuten aufsuchte. Sie müsse darüber reden, sie müsse irgendwie verstehen, warum ihr Mann sich der »Gemeinsamkeit« ihrer Trauer verschließe. Sie hätten sonst sehr eng und vertraut gelebt – aber nun? Schweigen zwischen ihnen, lange, trostlose Abende ... Nach längerer Zeit erst gelang es dem Therapeuten, den Ehemann (die beiden waren 69 und 75) zu einem therapeutischen Gespräch zu dritt zu bewegen. Erst dann wurde dem Mann klar, was die Verweigerung der gemeinsamen Trauer seiner Frau angetan hatte. Es bedurfte vieler Bemühungen, diese tragische Lebensphase als eine »gemeinsame« zu begreifen und zu verstehen, dass auch aus diesem Leid etwas Wichtiges für die Ehe erwachsen konnte.

An dieser Stelle möchte ich Ida und Henry vorstellen. Sie haben dieses und einige weitere Kapitel gelesen und bringen ihre eigenen Ideen ein.

Ida ist 73 Jahre alt. Sie war in ihrem Berufsleben in einer bedeutenden Pharma-Firma Sekretärin, später Chefsekretärin, war also ziemlich einflussreich. Als ihre Tochter geboren wurde, hat sie auf Teilzeit umgestellt, wodurch sie einiges eingebüßt hat an Wichtigkeit für den Betrieb. Später wurde ihr dann wieder ein entsprechend günstiger Posten eingeräumt. Sie hat ihre Arbeit immer als interessant empfunden und trauert ihr ein wenig nach.

E.J.: Fällt dir bei diesen Überlegungen auch etwas zu eurer eigenen Ehe ein?

Ida: Natürlich, das ist eigentlich das Zentrum unserer Ehe: dass wir so viel gemeinsam erlebt, durchdacht und durchgesprochen haben. Es waren ja sehr bewegte Jahre, die 60er und 70er, als wir mitten im Leben standen. Und du musst dir vorstellen, dass ich in einer Pharma-Firma gearbeitet habe und Henry einer der wichtigen Kritiker dieser Branche war. Das gab ein Dauerthema, auch ein Dauerstreitthema, da gingen unsere Meinungen oft scharf auseinander. Ich kann von mir sagen, dass ich ungemein viel gelernt habe – anfangs war ich eher naiv. Medikamente, so dachte ich, seien doch etwas Gutes, das ist doch wirklich viel besser als wenn man in einer Waffenfabrik arbeitet – so habe ich damals argumentiert. Henry mit seiner oft überzogenen Kritik hat mir aber doch auch zugehört. Diese damaligen Diskussionen, auch im Freundeskreis, die sind für uns wichtig gewesen. Wir haben eigentlich beide viel gelernt. Unsere gemeinsame Weltbetrachtung ist noch immer zentral: Wir sehen z.B. im Fernsehen gerne Dokumentationen über die Kriegs- und Nachkriegszeit, auch über die 68er-Zeit, und können dann stundenlang reden über unsere Erfahrungen damals. Wir versuchen alles nochmals neu zu beurteilen: Was wir gut finden, was albern war und wie wir uns damals gefühlt haben.

Ich habe auch darüber nachgedacht, ob ich viele eigene Erfahrungen habe, die nur mir gehören, oder vielleicht auch mir und anderen als Henry.

Es sind wenige, meine ich ... da muss ich scharf nachdenken. Unsere Meinungen gehen natürlich nicht dauernd konform, aber das Wesentliche ist ja, dass man sich gemeinsam um bestimmte Themen bemüht. Es gibt schon auch Dinge, die sozusagen nur mir alleine gehören, zum Beispiel zwei Freundinnen aus der Schulzeit, mit denen ich mich regelmäßig treffe. Henry findet beide langweilig, sie sind ihm zu konservativ, zu eingeschränkt – aber ich finde, dass er in dieser Beziehung zu eng denkt. Beide sind mir sehr ans Herz gewachsen, wir haben viele Jahre lang unser Leben besprochen, und wenn ich auch finde, dass beide etwas eingeengt gelebt haben, so fühle ich mich doch einfach wohl mit ihnen.

Die Gefahr der Einengung kenne ich selbst aber auch gut. In unseren Anfängen dachten wir zum Beispiel, dass man mit CDU-Wählern nie Kontakt haben könnte. Ebenso waren uns ältere Menschen suspekt – du weißt ja: »Trau keinem über dreißig«. Das war deshalb so komisch, weil wir selbst ja auch schon über dreißig waren. Unsere Welt: Das waren, wie wir dachten, »kritische Geister«, inspiriert von der APO, obwohl wir ja beide schon ein wenig aus diesem Alter raus waren. Aber bei uns hat sich viel getan in dieser Beziehung, und sogar die Aktivitäten der RAF – so schrecklich wir sie fanden – haben bei uns mehr Sympathie gefunden als die Aktivitäten der Rechten. Das können wir uns beide gar nicht mehr vorstellen. Wir haben heute einige Freunde, die von dieser Zeit nicht viel mitbekommen haben. Früher hätten wir mit solchen Menschen gar nicht verkehrt, aber jetzt gehören sie zu unserem engsten Kreis. Ja, da waren wir schon recht eng in unserem Denken damals.

E.J.: Würdest du sagen, dass es bei euch Dominanz-Probleme in dieser Hinsicht gibt? Dass also einer von euch mehr gestaltet und beurteilt? Dass einer von euch sozusagen die Themen »vorgibt«, also die gemeinsame Welt reichhaltiger gestaltet?

Ida: Nein, sicher nicht – wenn man es im Ganzen betrachtet. Aber es gibt natürlich für jeden von uns sozusagen »Themenschwerpunkte«. Da sind wir übrigens ganz konventionell. Henry gibt mehr vor, wenn es um Politik und Zeitgeschichte geht, und ich bin mehr für das »Menschliche« zuständig, also um die Pflege von Freundschaften, um Überlegungen, die diese Menschen betreffen. Aber sehr weit gehen die Interessen auch nicht auseinander. Und die Gemeinsamkeit des Besprechens dieser Dinge ist eigentlich am wichtigsten.

Aber das Sprechen ist natürlich auch nicht immer das Wichtigste für mich. Häufig geht es eher um ein »Grundgefühl«: Was man alles schon erlebt hat, welche Menschen wichtig waren und sind, und jetzt auch schon mehr und mehr die von uns beiden als schwierig angesehenen Krankheiten und Todesfälle in der Verwandtschaft und bei den Freunden. Bei uns ist zumindest im Freundeskreis noch nicht ganz so viel passiert, aber wir sind innerlich und auch äußerlich sehr beteiligt, wenn einer ins Krankenhaus muss oder eine OP hat. Das kommt jetzt doch öfter vor. Henry hat da ganz ähnliche Vorstellungen wie ich, dass man nämlich Verpflichtungen hat. Ich könnte jetzt nichts Großes mehr darüber sagen, aber ich habe das Gefühl, es ist sehr viel mehr, als man ausdrücken kann, ich glaube, man müsste darüber einen ganzen Roman schreiben, erst dann versteht man, was das heißt.

Henry wird von mir ebenfalls befragt.
    Henry ist Arzt, aber sein Interesse galt, sehr viel mehr als seinen ärztlichen Tätigkeiten, dem Gesundheitswesen. Epidemiologie, Statistiken, neue Modelle der Gesundheitsverwaltung: Das waren seine Themen und das hat ihm auch eine sehr interessante Stelle in der Gesundheitsverwaltung eines Bundeslandes eingebracht. Er war und ist ein kritischer Geist, und das hat ihm nicht nur Ehren, sondern auch Feinde beschert. Henry ist jetzt 75 und hat diesen Teil seines Lebens ad acta gelegt. Es interessiert ihn nur mehr am Rande, da er nicht mehr mitgestalten kann. Henry ist ein belesener Mann, meine Überlegungen sind ihm nicht fremd, und er ist gerne bereit, sich damit auf der Basis seiner eigenen Ehe auseinanderzusetzen.

E.J.: Wie siehst du eure »gemeinsame Welt« – gibt es die oder ist das nur so ein Soziologen-Konstrukt?

Henry: Aber nein, ich kenne das übrigens auch aus meinen soziologischen Studien, diese Betrachtungsweise habe ich schon immer gut gefunden. Sie ist aber, wenn man es näher bedenkt, dann doch etwas einseitig. Schließlich sind wir Individuen, vielleicht bewertet man die »Gemeinsamkeit« manchmal zu hoch. Es gibt doch eine ganze Menge an Erfahrungen, die ich mit Ida nicht teile, auch nicht teilen möchte ... Siehst du, Ida ist solch ein realistischer Mensch, sie nimmt das Leben wie es gerade kommt, das mag ich ja auch gerne an ihr. Aber ich habe sehr viel mehr Zweifel, ob wir auch richtig leben, wie wir uns gegenüber unserer Tochter früher verhalten haben, ob wir noch lange gesund bleiben ... Ich habe auch mehr Ängste, als ich Ida sagen kann. Sie ist sofort mit irgendwelchen beruhigenden Sätzen da, das ist wahrscheinlich gut so, aber es gibt eben doch auch ein nicht gar so kleines Feld, das sie nicht betreten kann. Übrigens gehört dazu auch eine der Frauen, über die wir nicht mehr sprechen, weil uns das sehr viel Leid gebracht hat. Mit dieser Frau habe ich vieles von dem geteilt, was Ida seltsam vorkommen würde.

Aber das Gemeinsame ist so viel größer: die vielen Orientierungsgespräche am Beginn unserer Beziehung, da ging es um viele gesellschaftliche Einordnungen, das ganze Feld von »links« und »rechts« und dann die radikalen Verirrungen – das war der Beginn, und wir sind eigentlich noch immer damit beschäftigt, uns mit der Vergangenheit auseinanderzusetzen. Das betrifft auch den Krieg und die Nachkriegszeit, die wir ja erlebt haben. Auch unsere Elternhäuser gehören zu dieser gemeinsamen Welt, wir sprechen noch immer oft von unserer Kindheit. Idas Eltern waren von Krieg und Flucht sehr gebeutelt, die meinigen haben sich immer gut »angepasst«, auch an die Nazis, obwohl sie nicht gerade Nazigrößen waren. Meine Mutter aber, die war recht unkritisch und war auch noch in ihren letzten Jahren stolz auf ihr »Mutterkreuz«, das die Nazis ihr wegen der 4 Kinder verliehen haben. Du kannst dir denken, wie kritisch, auch vielleicht unbarmherzig wir das alles betrachtet haben. Na ja, das ergibt viele gemeinsame Erfahrungen und Diskussionen darüber, was uns geprägt hat. Vieles muss gar nicht langwierig ausgesprochen werden.

E.J.: Kann die gemeinsame Welt auch einengen, so dass man sich darin einigelt und nichts Neues mehr hereinlässt?

Henry: Das Gefühl habe ich bei uns nicht; ich denke schon, dass wir offen sind und auch anderen Menschen zuhören. Nein, da fällt mir nichts ein.
Ich glaube nicht, dass man bei uns davon sprechen kann, dass einer dominiert. Jeder hat so seine »Schwerpunkte«; erst durch Ida habe ich zum Beispiel Zugang zum Kino gefunden; ich war immer ein »Lesemensch« und habe das Kino abgewertet. Nach und nach wurden bestimmte Filme für uns zu einem wichtigen Bestandteil unserer Gespräche, wir suchen nun beide nach Filmen, die sich mit Problemen befassen, die uns interessieren. Diese »Welt«, wenn du so willst, hat mir erst Ida erschlossen. Ich selbst habe sicher viel beigetragen dazu, dass auch Ida sehr kritisch mit unserer politischen Lage umgeht.
Zu dieser »gemeinsamen Welt« fällt mir wiederum mein eigenes Elternhaus ein, wo es so etwas überhaupt nicht gab. Ich glaube, mein Vater und meine Mutter haben jeder in ihrem eigenen Universum gelebt. Es wäre interessant zu überlegen, wie ihre »Gemeinsamkeit« ausgesehen hat, denn wenn sie vielleicht noch so kümmerlich war – irgendetwas muss es doch gegeben haben? Na gut, sie haben immerhin vier Kinder gemeinsam gehabt, wie die zustande gekommen sind, das habe ich sowieso nie verstanden. Aber ein paar Momente Gemeinsamkeit muss es da ja gegeben haben. Ich werde das mal gemeinsam mit Ida überlegen. Das gehört schließlich auch zu unserer »gemeinsamen Welt« (lacht).

Wie siehst du das eigentlich? – Deutungen der Welt

Ein wichtiger Bestandteil des gemeinsamen Lebens und dessen, was ich »gemeinsame Konstruktion der Welt« genannt habe, sind die Deutungen, die man den gemeinsam gemachten Erfahrungen gibt. Man benennt diese Erfahrungen nicht nur, man bewertet sie auch (»Das war ein lustiges Erlebnis«, »Das war bewegend« etc.), und man bezieht vieles aufeinander. Dass bestimmte Erfahrungen immer wiederkehren, wird interpretiert und oft nach allen Richtungen hin ausgedeutet. Die Deutung ist also eine Art Zusammenfassung gleichlautender Erfahrungen. Das klingt vielleicht komplizierter als es im Alltag wirklich ist. Auch wenn man nicht psychoanalytisch geschult ist, fällt denkenden Menschen auf, dass die vielen plötzlichen Kontaktabbrüche eines Freundes auf seine »Menschenscheu« deuten. Vielleicht versucht man auch, diese Menschenscheu in Zusammenhang zu bringen mit seiner »Anlage zur Depression« und denkt daran, dass schon seine Mutter sehr eigenartig war und Ähnliches mehr. Die Orientierung in der Welt wird durch Deutung erleichtert. Oft unterscheidet man gar nicht zwischen dem, was man erlebt und dem, was man »deutend« daraus macht. »Markus ist eben so verträumt«, kann die Ehefrau sagen, wenn er wieder einmal vergessen hat, die Tochter von der Schule abzuholen oder das Gemüse einzukaufen. Das klingt freundlich. Sein Sohn mag es anders ausdrücken: »Papa denkt nur für sich selbst, er ist egoistisch« – diese Deutung erregt andere Gefühle. Dass Deutungen schwanken, ist selbstverständlich. Manches wird ganz explizit benannt, anderes schleicht implizit mit, ohne dass man darum weiß.

Eine Patientin erzählte mir, sie habe sich in den ersten Jahren ihrer Ehe immer vernachlässigt gefühlt von ihrem Mann. Er habe dauernd über seine Projekte gesprochen, nie nach ihrem Befinden gefragt und ihren Beruf ignoriert. Sie habe das aber irgendwie »verdrängt«, habe auch gedacht, dass er eben so viel wichtigere Dinge im Kopf habe. Dann habe sie einmal Besuch von einem Ehepaar gehabt, das über einen anderen Menschen erzählt habe, der offenbar Ähnlichkeiten – wie sie meinte – mit ihrem Mann hatte. Dabei sei das Wort »narzisstisch« gefallen. Das sei damals noch keine Allerweltsdiagnose gewesen. Auf einmal habe sich für sie alles zusammengefügt. Es sei einerseits eine Befreiung gewesen, andererseits hätte es sie auch resignieren lassen. Sie habe immer wieder daran gedacht, dass man mit einem »Narzissten« eben nicht leben könne. Die Ehe hielt denn auch nicht mehr lange.

Natürlich sind es nicht nur die Interpretationen, die man dem anderen oder sich selbst gibt; die »Deutungsmacht« bezieht sich auf alle möglichen Geschehnisse in der Welt. Ob man den immer weiter absteigenden Trend der Moral aus den Tageszeitungen herausliest oder sich aus historischen Texten zum Thema Moral schlau macht und daraus schließt, dass die Klagen über abnehmende Moral immer schon da waren – das macht einen großen Unterschied.

Alle Menschen begleiten ihr Leben deutend – ob sie es wissen oder nicht. Manche Deutungen sind klischeehaft, abgeguckt von Romanen oder Soaps, manche lehnen sich an die Psychoanalyse an und manche sind sozusagen in mühseliger Arbeit selbst gebastelt. Wie sehr man von Deutungen beeinflusst ist, weiß man meist nicht, es schält sich erst langsam heraus – in einer Psychotherapie, im Gespräch mit Freunden oder beim Tagebuchschreiben.

Es gibt für die Altersehe große bekannte »Rahmendeutungen«, also Zusammenfassungen dessen, was man aus sehr vielen kleinen Begebenheiten sozusagen »herausliest«. »Philemon und Baucis« ist die berühmteste Rahmendeutung im Reich der Ideale. Kein moderner Beziehungsmensch glaubt im wörtlichen Sinn an das wunderbare Bild vom alten Paar, das händchenhaltend vor dem Häuschen sitzt und die Abendsonne genießt.

Als ein Ideal, auf das man im modernen Gewand hinleben könnte, hat dieses Bild allerdings seine Kraft noch nicht ganz eingebüßt, und das kann auch so aussehen: Man sitzt gemeinsam friedlich beim Abendessen, guckt »Tatort« oder »Wer wird Millionär?« und schlummert ruhig miteinander ein. Ist dies gar so unrealistisch? Ja und nein – jedenfalls ist es nicht so leicht zu erreichen. Nicht immer will man dieselben Dinge sehen; im günstigen Fall separiert man sich, im ungünstigen hat einer das Gefühl, er sei schon wieder übervorteilt worden.

Und das gemeinsame Schlafzimmer? Wer kann schon friedlich einschlafen, wenn einer so furchtbar schnarcht, und der andere gerne noch lange liest, während der Partner schon das Licht ausschalten will?

Eine negative »Rahmendeutung« ist die zankerfüllte Streiterei. »Sie« verdreht die Augen sehr sichtbar (vor allem wenn Besuch da ist), weil er mal wieder einen Monolog hält über einen Artikel, den alle schon in der gestrigen Zeitung gelesen haben. »Er« behauptet lautstark, dass sie »ja immer recht habe« und zieht sich zurück. Das Klima ist ganztags angespannt, einer belauert den anderen. Auch dies ist ein – Gott sei Dank selten realisiertes – negatives Rahmenbild, das Beziehungen zumindest zeitweise beeinflussen kann (»Wir führen eine unglückliche Ehe«).

Die positive große Rahmendeutung von Philemon und Baucis kann sich allerdings ebenfalls negativ auswirken auf das Paarleben, eben weil man dem Ideal so wenig nahe kommen kann und dies oft dem Partner anlastet.

Was aber sind im Alltag die Interpretationen, die man sich selbst und seinem Zusammenleben verpasst und wie wirken sie sich aus?

Beobachtet man langjährige und alte Beziehungen zwischen Partnern oder analysiert man diese in der Psychotherapie von Woche zu Woche, dann zeichnet sich oft ein stark wechselndes Muster ab, das immer wieder dafür sorgt, dass die Stimmung zwischen dem Paar changiert, sich immer wieder neu und sehr anders zusammensetzt.

Dass die Ehe mit Melene ein »jeden Tag wieder neues intellektuelles Abenteuer« sei, wie Edgar oft betonte, ließ ihn die vielen Defizite dieser Ehe übersehen. In den mittleren Jahren, als er sich in eine andere Frau verliebte, blieb diese Deutung seiner Ehe für ihn ein wichtiger Leitsatz. Er wolle Melene nicht verlassen, weil sie ihm so wichtige Anregungen bringe – für seine Arbeit als Wissenschaftler und als Künstler (Edgar ist Schriftsteller, Essayist und Lektor für Germanistik). Sie sei die interessanteste Frau seines Lebens, seine Ehe sei eine wichtige »geistige Gemeinschaft« und Ähnliches mehr. Dass Melene nicht willens und imstande war, einen geordneten Haushalt zu führen, obwohl sie nicht berufstätig war und auch keine Kinder hatte, dass sie auf seine Kosten ein Luxusleben mit vielen Büchern und intellektuellen Freunden führte – das blieb demgegenüber im Dunkeln.

Wie anders sah das Bild aus, das er nach Melenes Tod zeichnete! Dass sie sich durch ihren Alkoholkonsum selbst in den Tod getrunken hatte, war noch der geringste Vorwurf. Nun dominierte die Luxusseite ihrer Existenz und er fragte sich, wie er das so lange hatte ertragen können. Jetzt, in der Ehe mit seiner zweiten Frau, sei er so glücklich wie nie zuvor. Sie sei zupackend und realistisch und trotzdem eine geistige Partnerin – und im Geldverdienen sei sie auch erstaunlich gut. Jetzt wisse er endlich, wie sich eine gute Ehe anfühle – ohne große Kraftanstrengung. Und da Edgar große Worte liebt, bezeichnet er seine neue Ehe als »eine geistige Gemeinschaft mit Bodenhaftung«.

Edgar hat sich in seiner ersten Ehe sehr intensiv mit seiner Beziehung zu Melene beschäftigt; er ist ein hoch reflektierter Mann, und die Inkongruenzen seiner Deutungen sind ihm nicht verborgen geblieben. Er hat viele intellektuelle Verschlingungen durchlaufen müssen, um sich seine so einseitige Beziehung zu Melene immer wieder schönzureden. Denn als eine solch einseitige Angelegenheit auf seine Kosten erkennt er diese Ehe nun, wo er eine neue Partnerin hat.

Es ist nicht schwer zu sehen, welche Funktion solche »Rahmendeutungen« in einer Paarbeziehung haben: Sie erleichtern die Orientierung im verwirrenden Geflecht der Beziehungsgeschichte, sie lassen Erklärungen zu und geben Halt, wenn im Alltag so viele Dinge nicht zusammenpassen wollen. Ist Melene wirklich ein solch unaustauschbarer geistiger Halt? Sind es nicht ganz andere Dinge, die ihn an sie binden – negative und positive? Seine in früheren Zeiten wichtigste Erklärung für ihr Eheleben ließ ihn die

Aggressionen, die er empfand, wenn er zum Beispiel auch noch den Einkauf machen musste, vielleicht besser ertragen.

Martin ist den umgekehrten Weg gegangen in der Deutung seiner Partnerschaft. Luise sei ein »Fehlgriff«, erklärte er in den mittleren Jahren unumwunden. Sie passten überhaupt nicht zusammen, sie sei kalt und oberflächlich. »Wenn ich einmal die Augen zumache, möchte ich nicht als letztes Luise sehen«, lautete sein hartes Resümee lange Zeit hindurch. Nun sind beide alt. Zuerst blieben sie »der Kinder wegen« zusammen; als diese größer wurden, gab es keinen wirklich guten Grund, sich zu trennen – also blieb man ohne großes Zusammengehörigkeitsgefühl beieinander. Martin ersparte es sich mit seiner Deutung, seine Ehe und seine Art der Beziehungsgestaltung zu überdenken. Er konnte sozusagen »guten Gewissens« in seiner Distanz verharren – und das hatte sicher seine psychologisch guten Gründe. Sie lagen aber vermutlich nicht ausschließlich in der Person von Luise. Dass er damit auch einen Freibrief für kleinere Abenteuer mit Frauen hatte, war sicher kein schlechter Nebeneffekt. Wie anders sah das Ganze aber aus, als Luise einen alten Jugendfreund wieder traf. Dieser war verwitwet und Luise war, wie er behauptete, immer schon seine Liebe gewesen. Luise schien völlig verwirrt. Und Martin?

Er war voll von Wut und Trauer und großem Unverständnis. Sie seien doch ein gutes Paar gewesen? Hätten gemeinsam vieles erlebt, hätten sexuell gut harmoniert und alles in allem seien sie doch prädisponiert für ein gutes Alter zu zweit? Es erstaunte ihn, dass seine Schwester nach der Trennung einmal zu ihm sagte: »Du hast sie doch eh nie geliebt – ihr passt doch gar nicht zusammen!«

Auch hier ist die changierende Deutung seiner Ehe für Martin jeweils eine Erleichterung, nicht nur für sein Fremdgehen, sondern auch für seine innere Emigration, die ihm einfacher erscheint als ein Sich-Einlassen auf die Beziehung. Die veränderte Deutung nach Luises Fremdgehen aber rechtfertigt seine Wut.

Es sind nicht nur die »großen« und übergreifenden Deutungen, die das Eheleben auszeichnen. Auch die kleinen Alltagsbegebenheiten können zu immer wieder neuen Deutungen Anlass geben. Der – äußere oder innere – Ausruf »schon wieder …« ist nur ein Ausdruck davon. »Sie« bleibt ein für allemal festgelegt auf ihre Rolle als Besserwisserin. »Er« ist wie immer desorientiert in Bezug auf die familiären Probleme der Freunde, und so kann man den gesamten Alltag ganz gut auf wenige Nenner bringen.

Kann man ohne diese erklärenden Festlegungen überhaupt auskommen? Nein, vermutlich nicht. Sie geben Klarheit, Orientierung, Möglichkeiten der Planung und Erklärungen. Das sind ihre großen Vorteile, und das Leben wäre für die Menschen ohne Deutungsmuster sehr viel verwirrender, als es sowieso schon ist. Man erkennt durch sie viele Ereignisse als »immer wieder gleich«.

Ihre Nachteile? Sie liegen auf der Hand: Man sieht nur, was man immer schon gesehen hat und gibt Neuem keine Chance.

Stimmt es wirklich, dass »er« außer Zeitung lesen und Fernsehen jetzt gar nichts Vernünftiges mehr macht, dass er eben schon immer recht schmalspurig gelebt hat, weshalb ihm in der Zeit der Rente nun auch nichts Vernünftiges mehr einfällt? Er ist eben ein rechter Langweiler. Kann man nicht die Seite der Gelassenheit, die sich nun im Leben nach dem Beruf zeigt, auch würdigen? Kann man alles auch »von der anderen Seite« sehen? Die Festlegung durch Deutungen verhindert das nur allzu oft.

Nun sind diese Festlegungen natürlich nicht nur eine Angelegenheit des Alters. Es werden zeitlebens alle Erfahrungen, die man macht, in irgendein Deutungsmuster eingebunden – ob man's gerade merkt oder nicht. Und natürlich sind gerade die Deutungen, durch die man seine wichtigen Mitmenschen sieht, besonders bedeutend für die Gestaltung des Lebens.

Das Alter aber trägt gerade in diesem Bereich seine eigenen Gefährdungen, dann nämlich, wenn man sich erstarrte Deutungen zurechtlegt und diese nicht mehr ändert. Dann kann es sinnvoll sein, sich an frühere Zeiten zu erinnern, in denen man die Beziehung noch ganz anders gesehen hat. Man kann sich fragen, ob das damals die »ganze Wahrheit« war, oder ob man sie jetzt gerade »hat«?

Nein, die »ganze (biografische) Wahrheit ist nicht zu haben«, hat einmal Sigmund Freud, der sich in der Vergangenheit seiner Patienten auskannte wie kaum ein anderer in der damaligen Zeit, gesagt. Es ist immer anders und mehr und kann sogar ins Gegenteil verkehrt werden.

Josepha hat ihren Ehemann Lukas nicht lange nach der Hochzeit als ihren »Kerkermeister« angesehen. Zwar schuf sie sich viele Schlupflöcher, indem sie sich in ihr Inneres verkroch und, sofern die Zeit es zuließ, schrieb und dichtete – aber alles, was dieser harte und ungerechte Mann tat, war dazu angetan, ihn als ihren Feind zu betrachten. Die Kinder und ihr religiöser Glaube ließen sie durchhalten. Dass er beruflich sehr oft längere Zeit abwesend war, empfand sie als eine besondere Gunst des Schicksals.

Und nun, lange nach dem Berufsleben? Vieles sieht anders aus. Es gibt Dinge, die sie an ihm bewundert: sein konsequent durchgehaltenes ehrenamtliches Engagement bei Greenpeace und die Energie, die er aufwendet um sich in schwierige Materien der Ökonomie und Ökologie einzuarbeiten. Vor allem braust er nicht mehr dauernd auf, wenn etwas im Haushalt nicht stimmt, er macht sogar ab und zu ein Kompliment. Sie nimmt es, gemäß ihrer Zuwendung zu den höheren Mächten, oft als ein »Wunder«. Aber auch wenn man nicht vom Eingreifen himmlischer Mächte ausgeht, lässt sich einiges erklären: Es gibt nun nicht mehr den ewigen Kampf um das richtige Geldausgeben, die Kinder, oft eine Quelle des Unfriedens, sind aus dem Haus, Lukas lebt seine Interessen – all das macht ihn freundlicher und weicher. Auch Josepha kann ihm mehr von sich zeigen als in den früheren Ehezeiten. Josepha ist flexibel in ihrem Denken. »Ich kann ihm nicht alles verzeihen, was er uns jahrelang angetan hat – aber ich kann den neuen Lukas auch genießen.« Dass er nach wie vor egoistisch ist und wenig Einfühlungsvermögen in andere Menschen hat, weiß sie dennoch, daran lässt sich wenig deuten. Aber es gibt eben auch andere Seiten – und Josepha empfindet ihre Altersehe als durchaus akzeptabel: »Auf seine Art liebt er mich.« Sie deutet ihre Ehe nun nicht mehr als einen »Kerker«.

Es lassen sich andere Muster denken: Ehefrauen, die verhärtet sind nach den vielen Jahren der Quälerei, die nicht bereit sind, den »Rahmen«, in den sie ihre Ehe gestellt haben (»Kerker«), zu verändern. Josepha empfindet ein freundliches Nebeneinander, manchmal sogar ein Miteinander. Das klingt nicht ideal – aber es ist lebbar, wenn man, wie Josepha, viele eigene Ressourcen hat.

Alte Deutungen (und die damit verbunden Erlebnisse) können wie Mühlsteine im Eheleben herumliegen, alles schwer machen und keine neuen Ideen über das Zusammenleben entstehen lassen. »Das liegt auf mir als Last, dass mich Ted so oft betrogen hat. Ich weiß, dass es damit jetzt zu Ende ist, dazu reicht seine Kraft gar nicht mehr – aber wenn er freiwillig darauf verzichtet hätte, könnte ich es besser vergessen. Ted ist einfach immer ein »Gockel« gewesen, und das ist er für mich noch immer.«

Es ist schwer, darauf zu antworten, zu beschwichtigen, oder gar zu moralisieren. Man könnte bestimmt eine lange Analyse dieser Beziehung folgen lassen: wie viel Marie mitgestaltet hat an diesen Betrugsgeschichten, wieso Ted darauf angewiesen war und so weiter. Da ergäbe wahrscheinlich vieles Sinn, aber viel Zeit haben die beiden – 78 und 79 Jahre alt – nicht mehr. Man fragt sich, ob Marie nicht andere Muster entwerfen könnte, um sich und ihre Beziehung zu sehen. Sie könnte natürlich die vielen schönen Reisen, die Ted sehr viel besser gestalten konnte, als sie dies vermocht hätte, ins Visier nehmen. Sie könnte auch die Kraft bewundern, mit der Ted die drei Jahre in Bautzen wegen angeblicher »staatsverräterischer Tätigkeiten« so tapfer und ohne Schaden überstanden hat, und vieles andere mehr. Es gibt nicht nur die »Gockel«-Deutung in dieser Ehe, Marie aber klebt fest daran. »Ich kenne ihn – und wenn eine hübsche junge Frau ins Zimmer kommt, fängt er gleich wieder an mit dem Balzen.« Nun ja …

In der Altersehe mit ihren neuen Strukturen (eine »nachelterliche Gefährtenschaft« hat man dies auch genannt) liegen Chancen, sich mit neuen Deutungen an die Ehe heranzuwagen. Der Partner ist nun – ohne Beruf, ohne die dauernde Bezugnahme auf die Kinder – ja oft tatsächlich ein anderer geworden. Man hat die Chance, sein Leben anders zu strukturieren, den anderen neu zu sehen.

Das kann man natürlich nicht, wenn die alten Erfahrungen allzu sehr im Vordergrund stehen.

Komplexität zu reduzieren durch feste Rahmen, in die man Erfahrungen zwängt, ist sinnvoll und lebenswichtig. Gerade im Bereich zwischenmenschlicher Beziehungen aber geht man dabei auf einem gefährlichen Grat. Man kann dadurch einer Beziehung das Leben nehmen, sie erstarren lassen. Dem anderen allerdings gar keinen festen Rahmen zu geben, ist unmöglich – er soll schon der bleiben, der er »immer war«. Dies ist die Paradoxie menschlicher Beziehungen: dass sie eingespannt sind zwischen den allzu festen Deutungen und dem, was immer wieder durchbricht als das Neue, als das, was nicht festzulegen ist.

»Ich könnte oft platzen vor Wut, wenn Sebastian nicht einmal sein Frühstücksgeschirr abräumt und sofort im Hobby-Keller verschwindet. Dann kommt mir in den Sinn, wie faul er immer schon war, wie wenig er beruflich erreicht hat und dass ich es war, die ein wenig Luxus ins Leben gebracht hat, weil ich so viele Nachhilfestunden gegeben habe«, das ist Karins Meinung in gewissen Zeiten. Er ist »arbeitsscheu« und »bequem« – das sitzt fest. Aber dieses Urteil kann sich plötzlich auflösen, wenn sie eine ihrer schönen Reisen in die Alpen machen, am liebsten in die Dolomiten. Sebastian ist ja meist fröhlich, macht mit seiner neuen Kamera wirklich wunderschöne Bilder, und für die Autofahrten hat er wieder einmal genau die richtige Musik ausgesucht. In dieser Zeit weiß Karin, warum sie sich diesen fröhlichen und meist unbeschwerten Mann ausgesucht hat, der wie kein anderer ihre Schwermut durchbrechen kann. »Es kann so lustig sein mit ihm«, sagt sie und erinnert sich daran, welch witzige Spiele er sich für die Kinder immer ausgedacht hat.

Die Deutungen wechseln also immer wieder – und dass die veränderten Lebensumstände im Alter bestimmte Züge besonders deutlich hervortreten lassen, ist etwas, das reflektierte Paare ihre Partnerschaft oft neu bestimmen lässt. Lukas' Zwanghaftigkeit, die Josephas Alltagsleben überschattet hat, lässt sich nun in seine redliche Genauigkeit im Ehrenamt umdeuten.

Ich gebe Ida und Henry zu lesen, was ich über die »Deutungen« geschrieben habe und spreche dann ausführlich darüber mit jedem einzeln.

E.J.: Was hältst du von diesen Überlegungen zu den »Deutungen«, die langjährige Partner einander und ihrer Ehe verpassen?

Henry: Also als erstes will ich sagen, dass Ida und ich nicht unbedingt in eine der extremen Kategorien hineinpassen und dass wir, zumindest was mich betrifft, auch nicht dauernd unsere Ehe »deuten«. Ich komme allerdings aus einem Elternhaus – und da passt alles, was du schreibst – wo sowohl meine Eltern als auch wir Kinder immer gewusst haben, dass die Ehe der Eltern ein Fehlschlag war. Mein Vater hat mehr als ein Mal lauthals geschimpft, dass der größte Fehler seines Lebens seine Ehe gewesen sei. Du kannst dir vorstellen, wie das auf das Familienklima gewirkt hat. Unsere Mutter hielt sich meist zurück, hat oft heimlich geweint und ist nie auf die Idee gekommen, sich scheiden zu lassen. Aber du weißt ja: Damals waren die Frauen den Ehemännern ausgeliefert, und Scheidung fiel immer auf die Frau zurück. Aber gemütlich war's bei uns daheim nicht, das kann ich dir sagen.

Eine »Streitehe« war es nicht im engeren Sinn des Wortes, das wäre zu viel gesagt. Lauten Streit gab es meist nicht, weil meine Mutter so mäuschenhaft war, aber Vater hat sich abgeschottet, wenig geredet, wollte keine Gäste und redete zur Mutter eher wie zu einer Angestellten. Das mit dem »größten Fehler« sagte er, wenn er sehr wütend war – vermutlich aus beruflichen Gründen. Wenn ihm dann irgendetwas gegen den Strich ging, zum Beispiel das Wohnzimmer nicht blitzsauber war ... Eine Art »Grundgefühl« war bei meinen Eltern immer da: Die passen nicht zusammen!

Aber bei mir und Ida ist das anders – trotz aller Unstimmigkeiten, die es oft gab. Nie, nicht ein einziges Mal habe ich daran gedacht, dass wir uns trennen sollten, das war sozusagen die »Grundkonstante«. »Unsere Ehe ist unauflöslich«, das haben wir uns oft gesagt, und ich habe es auch immer so gemeint.

Es gab aber natürlich auch andere Zeiten. Ich bin nämlich mit knapp 23 Jahren in eine »Jugendehe« hinein gestolpert. Lange Geschichte, gehört hier nicht hin. Diese erste Ehe scheiterte wegen meiner Untreue. Der spätere Selbstmordversuch meiner geschiedenen Frau hat mich aufgeweckt und mir klar gemacht, was das heißt: sich für eine andere Person zu entscheiden, Verantwortung zu übernehmen. Möglicherweise hat das mit meiner Klarheit in Bezug auf die Ehe mit Ida zu tun. Ja, das könnte man vielleicht so sehen. Ich weiß nur, dass ich, als ich mich in Ida verliebte und schließlich heiraten wollte, immer wieder verglichen habe: Könnte es mir so gehen wie damals? Habe ich wirklich die Kraft, mein Leben lang nur zu dieser Frau zu stehen? Denn mir war schon klar, dass ich recht schnell »verführbar« bin, was Frauen betrifft. Ida aber erschien mir als »anders«. Ich empfand unsere Ehe als nicht wirklich bedroht, was meine – sagen wir mal »Ideologie« betrifft, aber die Realität war doch anders. Ich war nicht immer treu, leider muss ich das sagen. Damals habe ich mir so etwas zurechtgebastelt wie: Unsere Ehe ist als Institution »unantastbar« durch andere Frauen, aber das heißt nicht, dass ich nicht körperlich anders handeln kann. Ich habe damals jemanden sagen hören, es gäbe eine soziale Treue und eine körperliche Treue – das hat gut gepasst in mein damaliges Weltbild, das natürlich wie bei vielen unserer Generation durch die 68er beeinflusst war. Du weißt schon: Wer zweimal mit derselben pennt …

Ich kann wirklich ehrlich sagen, dass eine Trennung oder Scheidung für mich aus vielen Gründen undenkbar war – ich habe Ida immer als etwas Besonderes empfunden, ich ahnte, dass ich so jemanden nicht nochmals finden könnte. Aber in Zeiten, in denen ich mich verliebt hatte (das war zwei oder drei Mal), ging mir immer durch den Kopf, dass ich eine »starke Frau« hätte, die ich zwar achtete, aber in die ich mich nicht mehr verlieben würde, die ich nicht mehr begehrte. Es gab da so eine Vorliebe für irgendwelche zarten Pflänzchen, für Frauen, die sich angelehnt haben, könnte man sagen. Das galt auch im Äußeren. Ida ist nicht dick, aber stämmig, und eine Zeitlang habe ich mich wirklich nach diesen gertenschlanken Frauen gesehnt. Das ist jetzt aber so lange vorbei, dass ich es kaum mehr nachempfinden kann. Also die Grundkonstante »unlösbar«, »unantastbar« ist geblieben, aber die Variation könnte man bezeichnen als »Variabilität«, manchmal durchaus auch als »sturmgepeitscht«, wenn ich das mal so kitschig ausdrücken darf. Zum Beispiel, wenn Ida mich ertappt hatte, das gab es auch. Und am schlimmsten war es, als sie mir einmal – da waren wir Endvierziger – gestand, dass sie in einen Berufskollegen verliebt sei und sich dieselben Freiheiten herausnehmen würde wie ich. Damals habe ich kurze Zeit gedacht, alles sei zu Ende.

Ich weiß zwar noch, wie sich immer wieder mal meine Sicht auf Ida verändert hat, aber ich kann es nur mehr schwer nachempfinden. Anfangs war für mich dieses Klare, diese »starke Frau« im Vordergrund, als ein unglaublicher Vorzug – ganz anders als meine erste junge Frau, die recht unbeständig und auch noch unreif war. Ida war »erwachsen«. Aber in »Sturmzeiten« hat sich das verändert, da hätte ich dann eher »hart« gesagt, auch »unnahbar«. Ich weiß, dass ich, als ich mit einer Freundin über eine damals schwierige Lage in meiner Ehe sprach, sie sogar als »unsensibel« bezeichnete.

E.J.: Wie kann es zu solchen Umdeutungen kommen?

Henry: Nun ja, da gibt es schon so eine Art von Assoziationsreihe »stark-hart-unsensibel«, darin kann man sozusagen »herumsurfen«, je nach alltäglicher Belastung. Auf einmal bekommt dann der Gegenstand meines Ärgers einen griffigen Begriff: »Mit solch einer unsensiblen Frau kann ich nicht glücklich sein, deshalb brauche ich eine Nebenfrau« – so geht das. Als ich einmal eine kleine Affäre mit einer Künstlerin hatte, sah ich Ida auch als »langweilig-bürgerlich«, das war aber übrigens nicht lange durchzuhalten. Es gab zu viele Ereignisse in unserem Leben, die dieses Etikett Lügen strafen. Es braucht übrigens gar keine Nebenbeziehung, um Deutungen zu verändern; manchmal genügen schlechte Laune, sexuelle Langeweile oder irgendein Alltagsärger.

Und Ida?

E.J.: Du hast diese Notizen über die Deutungen in der Ehe gelesen – kannst du das auf eure Ehe übertragen?

Ida: Sofort! Ich habe mir gleich gedacht, dass ich unsere Ehe immer als »sturmfest« gesehen habe. Man könnte auch sagen, dass ich der »Anker« war und bin. Nein, vielleicht stimmt das Bild doch nicht: Oft bin ich der Kapitän (lacht), der einen seekranken Passagier mitnimmt.

Nein, das ist vielleicht übertrieben, aber schau mal: An der Seekrankheit stirbt man nicht und das Schiff geht auch nicht unter. Henry ist einfach oft derjenige gewesen, der mir das Gefühl gegeben hat, unsere Ehe sei am Ende, es sei alles falsch gelaufen und ähnlichen Unsinn. Da war immer ich es, die ihn aufgemuntert hat. Ich war eigentlich immer davon überzeugt, dass wir so viel gemeinsam haben, dass wir nicht nur durch die Tochter, sondern auch durch so vieles, was wir uns gemeinsam erarbeitet haben, verbunden sind. Das kann nicht so schnell kaputt gehen, auch wenn mich Henrys Fremdgeherei oft sehr verletzt hat. Obwohl – na ja, in den 68ern war das alles ja irgendwie »normal«, obwohl ich es persönlich dann doch nicht so toll fand. Ich habe davon wirklich nicht profitiert, aber Henry hat die damalige Ideologie – du weißt schon: keiner ist des anderen Eigentum – ausgenützt. Ich habe mich zuerst nicht getraut ihm zu sagen, wie sehr es mich verletzt, wenn er erst um drei Uhr nachts nach Hause kam und ich genau wusste, wo er gewesen war. Eine Zeit lang, da waren wir in den Dreißigern, hat es deshalb viel Streit gegeben, Henry hat damals viele Geheimnisse gehabt. Später habe ich mich nicht mehr so sehr darum gekümmert, da war so viel zu tun mit dem Kind und dem Beruf und allen Freunden.

Es war ein interessantes Leben, ich hatte das Gefühl, dass Henry und ich in vielen Dingen sehr gut zusammenpassen. Das galt auch für die Sexualität. Irgendwann habe ich gedacht, dass Henry einfach ein besonders vitaler Mann ist, dem eine einzige Frau nicht ganz genügt. Er ist sehr attraktiv für Frauen, sogar jetzt noch. Also habe ich das Thema ausgespart, bis heute. Er flirtet sehr gern, aber ich denke, jetzt hat er sich beruhigt. Und wenn es ihm solchen Spaß macht, mit hübschen Frauen zu flirten, dann soll es eben so sein. Es darf nur unsere Gemeinsamkeit nicht stören.

Immer wieder das Gleiche – Wohltuende Routine und Langeweile

Die Routine des Alltagslebens steht dem Gefühl nach oft in einer Balance zwischen der Entlastung durch die Selbstverständlichkeit aller alltäglichen Abläufe und dem möglichen Gefühl einer gewissen Langeweile. Immer dasselbe, immer die gleichen Handreichungen, Floskeln und Hinweise! Je nach Temperament oder Tagesbefindlichkeit kann der Alltag als belastend und langweilig oder als beruhigend und friedlich empfunden werden.

Wenn auch im Alter meist der Pol der Friedlichkeit überwiegt, so gilt dies doch längst nicht für alle alten Paare. Eva beklagt sich noch immer ab und zu über die seit über 40 Jahren bestehenden Routinen. »Müssen wir jeden Tag die Tagesschau ansehen? Und jeden Sonntag »Tatort«? Und meinetwegen müssen wir nicht jeden Tag am Abend etwas Warmes essen – lass uns doch zum See picknicken gehen!«

Der gutmütige, aber etwas langsame Ulrich stimmt immer zu, wenn Eva Derartiges vorschlägt. Gerade an jenem Abend aber waren die Mücken am See so lästig, dass man bald wieder einpackte, und als die »Tatort«-Zeit gekommen war, wusste Eva auch nichts Besseres als sich ein Buch zu holen und zu lesen – etwas, was sie sowieso dauernd tat. Ulrich kennt dieses Problem in seiner Ehe. Er weiß aber nicht, ob sich da etwas ändern lässt. »Warum soll denn immer etwas Neues passieren?«, fragt er oft verzweifelt, denn er selbst genießt es, dass der eheliche Alltag geregelt ist. Früher, als sie noch beide berufstätig waren, war Eva ziemlich »aushäusig« gewesen. Ihre vielen Arbeitskreise, Supervisionsgruppen und Zirkel zur Vorbereitung von Symposien – Eva war Psychotherapeutin und hatte im Laufe der Jahre in ihrem Institut viele Funktionen übernommen – waren ihm oft lästig gewesen, und Abende ohne sie liebte er ganz und gar nicht. Er fand es wunderbar, wenn Eva am Abend mit ihm gemeinsam kochte, sich müde vor dem Fernseher an ihn kuschelte und ziemlich früh ins Bett ging, weil sie als typischer »Morgenmensch« schon zeitig aufstand und zu arbeiten begann. Er hatte sich daran gewöhnt, dass er alleine frühstückte, dass sie ihm zuerst von der Schreibmaschine aus, später über den Computer hinweg, nur einen Luftkuss zuwarf, wenn er zur Arbeit ging. Der Morgen sei die einzige Zeit, wo sie schreiben könne, hatte Eva immer gesagt, und das hatte eben zur Routine des Alltags gehört, der er sich ohne Schwierigkeiten anpassen konnte.

Aber der Abend – das war etwas anderes. Nun, wo Eva sehr viel weniger zu tun hatte, wo sie dies selbst auch gar nicht mehr anstrebte, nun waren die meisten Abende frei, und Ulrich genoss dies sehr. Das heißt, er hätte es genießen können, wenn nicht immer wieder Evas Abenteuerlust, wie er das nannte, durchgebrochen wäre. »Aber es muss doch nicht dauernd etwas Neues her!«, meinte er oft ganz unglücklich, wenn sie sich mit mürrischem Gesicht an den Tisch setzte und darüber maulte, dass ihr Essen so fantasielos sei wie der ganze Tag. »Lass uns vor dem Essen einen Longdrink nehmen«, konnte sie plötzlich vorschlagen, und da man keine entsprechenden Getränke daheim hatte, sauste sie zum Supermarkt und kaufte irgendein Getränk ein, das sie offenbar schon seit längerer Zeit im Sinn gehabt hatte. Zwar liebte Ulrich diese meist zu süßen und zu starken alkoholischen Mischungen nicht, aber natürlich machte er mit, und natürlich war er auch ganz zufrieden, weil Eva nun den Abend als »gerettet« ansah und ihre alte Lebendigkeit hervorkehrte.

Früher hatte es um diesen Punkt oft Streit gegeben. Ulrich war vom Beruf seiner Frau durchaus infiziert und konnte in gewissem Maß kontern und diagnostizieren, wie sie dies auch häufig tat. »Du bist innerlich leer, wahrscheinlich depressiv, dauernd brauchst du irgendeinen Anstoß von außen, sonst freut dich das Leben nicht – immer wieder etwas Neues!« Und Eva wusste selbstverständlich darauf viele Antworten und sparte nicht mit Beleidigungen. »Keine Risikofreude, Langweiler, zwanghaft am Alten klebend …« Hätten die beiden ihre gegenseitigen Zuschreibungen ernst genommen, wären sie längst geschieden. Diese Probleme versickern aber nun immer öfter. Eva wurde wohl ruhiger. Oft musste sie sich eingestehen, dass es ihr an den Tagen, an denen sie noch ein paar Supervisionen machte, bei ihrer Freundin zu Besuch war oder zum Friseur ging, tatsächlich gut gefiel, wenn Ulrich sie daheim erwartete, die Tagesschau anmachte und ein Glas Wein einschenkte. Es ist so gemütlich, dachte sie dann oft und strich freundlich über Ulrichs immer kahler werdenden Kopf.

Was ist Routine? Welche guten Seiten und welche Schattenseiten kann sie zeigen? Und welche Funktion hat sie bei alten Menschen?

»Routine ist das Öl, das durch den Alltag fließt, wenn es knirscht.« Das war Ulrichs Ausspruch und Eva hatte ihn in jüngeren Jahren nur mit verdrehten Augen angehört.

Manchmal sagte sie dann auch: »Routine macht den Alltag knirschen, Abwechslung ist das Öl.« Jetzt aber fand sie insgeheim, dass etwas dran war an Ulrichs Ausspruch. Sie fühlte sich immer öfter am Abend abgespannt. Auch wenn sie fand, dass sie eigentlich nicht mehr viel arbeite, so waren doch die alltäglichsten Dinge wie einkaufen, kochen und der Besuch der Tochter oft schon anstrengend. Sehr viel »Abenteuer« hätte sie an manchen Abenden nicht mehr gewollt. Trotzdem lebte in ihr noch immer ein kleiner Widerwille gegen allzu routinierte Tagesabläufe und ließ sie auf Ideen kommen, die Ulrich nicht hatte. Er ließ sich aber – manchmal murrend – doch auch herausreißen aus der Routine und ging mit Eva spontan ins Kino oder sogar in ein Tanzcafé, einfach so, ohne lange Ankündigung. Was aber sollte er sagen, wenn Eva plötzlich, während sie ihren Frühstückstee trank, aufstöhnte und sagte: »Ich hasse das, immer das Gleiche – aufstehen, Frühstück, Zähne putzen und duschen – mir wird's ganz elend zumute, wenn ich an die nächste halbe Stunde denke.«

Ulrich schüttelt dann nur ratlos den Kopf und Eva, die weiß, wie unsinnig ihm das alles erscheint, ist in den nächsten zehn Minuten damit beschäftigt, sich ein Leben mit einem ungemein geistreichen Künstler vorzustellen, der schon am Frühstückstisch mit ihr die neuen Gedanken bespricht, die er während der Nacht hatte. Und dann …? Würde er dann irgendeine aufregende Aktion vorschlagen – einen Flug nach Hongkong oder Südafrika? Eva kehrt bei diesen Gedanken wieder in die Küche zurück und überlegt, ob sie Honig oder Himbeermarmelade auf das Brötchen streichen soll. Ulrich, der ihre Gedanken nicht kennt, lächelt freundlich, als er ihr die »Kultur«-Seite der Zeitung hinlegt.

Es ist klar, dass dieses Paar kompensatorisch lebt. Jeder bringt eine Tendenz ein, die dem anderen gut tut im gemeinsamen Alltag. Die beiden haben Glück gehabt miteinander, ihre Alltagsstreitigkeiten sind eher harmlos. Jeder weiß, was er dem anderen verdankt.

Vermutlich wird Ulrich, wenn die beiden noch älter sind (jetzt ist Eva 73, Ulrich 75) immer mehr die Oberhand gewinnen, wenn man davon ausgeht, dass der Alltag noch mühsamer oder einer von ihnen ernsthaft krank wird.

Routine ist etwas, das sich einschleicht ins Leben, ohne Routine könnte man schlecht ein geordnetes Leben führen. Unser Leben ist auf Routine hin angelegt. Wir müssen in unserer westlichen Kultur nicht dauernd gewahr sein, dass alles sofort »anders« sein kann, wir müssen nicht immer aufmerksam unsere Welt betrachten, um nicht hinterrücks überfallen zu werden. Lebt man in anderen Kulturen, ist man froh, wenn auch nur ein wenig Routine den Alltag durchzieht – ohne dass Gefahr droht, jederzeit »reagieren« zu müssen.

Wie wichtig Routine ist, sehen wir an kleinen Kindern. Sie sind besonders anfällig gegen dauernde Umgestaltungen ihres Alltags und werden unruhig und quengelig, wenn wir sie dem aussetzen. Die gleichen Abläufe, die gleichen Essenszeiten, die gleichen Personen: Das tut einem kleinen Kind gut, weil es noch nicht so viel Neues auf einmal speichern kann. In dem kleinen Gehirn entsteht schnell ein Chaos.

Das Kind fühlt sich wohl und geborgen, wenn es ein klein wenig Übersicht behalten kann und wenn es – das ist das Wichtigste – auch ein wenig vorausplanen kann. »Erst das Gesicht waschen, dann die Zähne putzen und dann ins Bett« – das ist eine überschaubare Abfolge, und die meisten Kinder fühlen sich gar nicht wohl, wenn solche Abfolgen umgedreht werden. Routine erleichtert das kindliche Leben. Langsam erst kann dem Kind zugemutet werden, dass nicht immer alles auf die gleiche Weise passiert. Wenn man mit ihm sprechen kann, kann man es vorbereiten: »Heute werden wir die Zähne nicht putzen, weil der Zahnarzt dich vorher gepiekst hat« – das erzeugt heilsame Ordnung.

Der Gegenpol aber ist natürlich auch wichtig. Sich in einer Routine einrichten kann – bei entsprechenden gesellschaftlichen Verhältnissen – gefährlich sein. In unseren Kulturen ist es nicht »gefährlich« im eigentlichen Sinn, aber es erzeugt offenbar bei manchen Menschen Unbehagen, Langeweile und Unrast. Vielleicht ein Rest dessen, was in anderen Umständen wirklich »gefährlich« war? Das Unbehagen zeigt sich dann in vielerlei Gestalt. Kinder, denen man wenig Neues bietet, sind unterstimuliert; allerdings haben Kinder ein solch natürliches und vitales Interesse, Neues kennen zu lernen, dass die Unterstimulierung nicht allzu schnell eintritt. Kinder finden immer wieder neue Dinge, entdecken neue Seiten an alten Dingen. Sind die Kinder aber älter, braucht es ziemlich viel an Stimulierung, damit der Hunger nach neuen Erfahrungen gestillt werden kann. Routine ist bei Jugendlichen nicht unbedingt das Wichtigste – bei gut gelingender Entwicklung steht Neues, eigen Gestaltetes im Vordergrund. Die Alltagsroutine, vor allem die in der Schule, wirkt auf manche Jugendliche lähmend. Die Balance zwischen der Routine und dem »Neuen« ist noch nicht gefunden.

Paare, wenn sie ihren Alltag gemeinsam verbringen, basteln sich langsam ihren Alltag zurecht, indem sich routinierte Abläufe herausbilden, die, zumindest anfangs, beiden gefallen. »Am Morgen lesen wir die Losung und dann beten wir gemeinsam – nachher mache ich Kaffee.« Das ist der routinemäßige schöne Anfang des Tages in einem Pastorenhaushalt, ein Anfang, den beide genießen.

Wenn die Beziehung nicht mehr stimmt, kann aber aus der »Wohltat« der Routine eine »Plage« werden. Man ist einander überdrüssig oder findet, dass der andere langweilig ist, nie neue Einfälle hat, etc.

Das Arbeitsleben, die Kinder, die Mühen des Alltags lassen in den mittleren Jahren das Thema der Routine meist in den Hintergrund treten, aber wenn all dies im Alter verschwindet, wird es wieder wichtig. Denn nun droht die Balance zwischen einem »Zuviel« und »Zuwenig« an Routine ein neuerliches Problem zu werden. Wie gestaltet man nun, da viele Verpflichtungen wegfallen, den Alltag ohne dass man in Routine versinkt, sich langweilt und Neues nicht mehr so leicht eindringt in die Beziehung?

Besonders schwierig wird es, wenn einer der Partner durch eine plötzliche oder schleichende Krankheit nicht mehr wie früher imstande ist, die gut eingeübte Balance zwischen Routine des Alltags und neu Erlebtem mitzumachen.

Die dunkle Seite des Alltags schlägt zu, und es scheint, als wäre nichts mehr zurückgeblieben vom vertrauten Früher. Es wird schwierig, sich aus den Mühen des alltäglichen Trotts zu befreien und Neues, Interessantes zu finden. Häufig ist es dann derjenige, der noch einigermaßen frisch und gesund ist, der sich etwas einfallen lassen muss. Hat der Partner gar keine Energie mehr für Dinge außerhalb des Alltags, dann muss man eben für sich selbst sorgen und ein Stück Eigenleben erkämpfen.

Unsere moderne Welt ist darauf angelegt, immer wieder

Neues zu bieten, und wir erwarten Abwechslung im Leben. Reisen wir in andere Länder, wo noch traditionelle, ländliche Strukturen vorherrschen, dann kann uns manchmal eine gewisse Sehnsucht ankommen, wenn wir alte Frauen in ihren Dörfern vor der Türe sitzen sehen, die den ganzen Tag nichts anderes zu tun scheinen als zu sitzen, zu schauen, zu stricken oder Bohnen aufzufädeln. Welch friedlicher Anblick! Wie ruhig muss das Innenleben dieser Frauen aussehen! (Vermutlich irren wir uns da oft). Aber wie wenig können wir all dies auf unsere Welt übertragen. Man bietet uns dauernd Neues an – neue Gegenstände, neue Vergnügungen, neue Umgebungen – und nur wenige Menschen sind gefeit davor, dieser Vielfalt von Angeboten auch zu widerstehen. Die Botschaft sickert durch: Dein Leben ist nur lebenswert, wenn es vielfältig ist, es gibt so viele Möglichkeiten! Und natürlich ist vieles von dem, was uns an Büchern, Bildern, Theater und Musik angeboten wird, ungemein bereichernd und eine Quelle unserer westlichen Produktivität. Es gibt aber selbstverständlich auch Schattenseiten.

Es wäre unsinnig, nun im Alter unbedingt für Askese zu werben. Aber man sollte als alter Mensch doch ein wenig darauf eingestellt sein, dass man nicht mehr so viel Neues und Abwechslungsreiches tun kann, dass der alte Partner oder die Partnerin vielleicht nicht mehr so sehr darauf eingehen kann, und dass man eine neue Balance finden muss zwischen einer ruhigen Routine und neuen Erfahrungen – vielleicht sogar Erfahrungen, die dann nur dem agileren Partner noch möglich sind.

Alte Paare müssen sich darauf einstellen, dass ihre Wünsche nach Aktivität und nach »Neuem« nicht mehr synchron sind. Möglicherweise ist das nichts Neues, recht oft sind die Wünsche nach Abwechslung oder behaglicher Ruhe in jedem Lebensalter unterschiedlich. Meist aber wird nach längerer Zeit ein einigermaßen gutes Gleichgewicht gefunden, so dass der Umtriebige sagen kann, er sei froh, dass ihm die Partnerin (der Partner) dazu verholfen habe, ruhiger zu werden; ein anderer kann dann vielleicht beeindruckt davon sein, dass er (sie) durch den Partner neue Erfahrungen gemacht hat, die ihm sonst verschlossen geblieben wären.

Im höheren Alter kann sich dies wiederum sehr drastisch ändern – manche Paare geraten dadurch wieder in eine Streitserie wie vielleicht in ganz frühen Tagen. »Solch einen Langweiler habe ich doch nie gewollt!« Man kann es manchem Mann (öfter: mancher Frau) nachfühlen, wenn sie nun wieder einmal zurückgewiesen wird auf das Haus, wie vielleicht in der ersten Zeit, als die Kinder noch klein waren. Es täte natürlich allen besser, wenn man sich klar macht, dass im Alter nochmals Veränderungen anstehen, eben weil der Partner (die Partnerin) sich wirklich verändert. Da kann es noch so viele Artikel in allen möglichen Zeitschriften geben, man möge vorbeugen durch Hobbys, durch gemeinsame Interessen, sich fit erhalten an Körper und Seele ... Bei manchen Paaren geht das eben nicht, die Vitalität ist nicht mehr wie früher. Beide müssen das einsehen und für sich akzeptieren.

Natürlich spielt auch oft der Altersunterschied eine wichtige Rolle. Hilde ist sich dessen sehr bewusst. Sie merkt, dass Peter, der nun Mitte 80 ist, einfach nicht mehr kann. Sie ist, obwohl auch schon 75, noch immer frisch und beweglich und hat keine Lust, den ganzen Tag daheim zu sitzen und die Mahlzeiten zuzubereiten, bis dann am Abend der Fernseher angeht. Peter, einst ein großer Leser –

er war Studienrat gewesen und hatte Geschichte und Alte Sprachen gelehrt – sitzt oft lange Zeit nur da und scheint zu sinnieren. Wenn sie ihn darauf anspricht, schüttelt er den Kopf. »Nichts, nur so ...«

Hilde weiß, dass sie nichts erzwingen kann. Manchmal aber gibt es dann doch ein Highlight – plötzlich ein Gespräch, ein Gedankenaustausch wie früher. Hilde nimmt es dankbar hin. Sie ist eine religiöse Frau und nimmt dieses Schicksal an, ohne zu klagen, weil sie es als ihre Aufgabe ansieht, alle Seiten des Lebens als gottgewollt anzusehen. Sie weiß, welch gute Tage sie mit Peter gehabt hat. Aber sie ist so klug auch zu wissen, dass sie kein »Opferleben« führen kann, weil sie sonst mit Peter allzu leicht die Geduld verlieren würde. Also versucht sie sich ein neues und anderes Leben zu gestalten. Sie findet eine wunderbare Qi-Gong-Lehrerin, sie wird Lesepatin in einer Grundschule und hat das Gefühl, das Leben gehe nicht vorbei an ihr, wenn sie daheim auch sehr viel an Eintönigkeit ertragen muss. Hilde ist – alles in allem – zufrieden.

Dass Gertraude (81) dement wird, wollte Hans (84) einfach nicht glauben. Er hielt fest am Diktum, dass Gertraude nun – »wie wir alle« – ein wenig vergesslich geworden sei. Die beiden waren kinderlos geblieben und hatten immer ein interessantes und abwechslungsreiches Leben geführt. Sie waren Kriegskinder, hatten in Kriegs- und Nachkriegszeiten viele Entbehrungen ertragen müssen und waren beide der Meinung, dass das Leben ihnen etwas »schulde«. Das hatten sie sich geholt, mit viel Tatkraft und Lebensfreude! In Hans' Leben war die Musik zentral gewesen. Er war ein recht guter Geiger, hatte ein kleines Laien-Kammerorchester zusammengestellt und war mit seinen vielen Musik-Abenden glücklich. Gertraude, die selbst kein Instrument spielte, liebte Musik, ging mit Hans in sehr viele Konzerte, und wenn der kleine Ort, in dem sie lebten, auch keine Musik auf Weltniveau bieten konnte, so gab es doch immer wieder schöne Gastspiele. Und außerdem waren sie Mitglieder einer Reisegruppe, die Reisen zu den schönsten und berühmtesten Opern und Konzerten in anderen Städten anbot – dies füllte ihr Leben mehr aus als ihre früheren Berufe (Bankangestellter und Sekretärin), die sie nicht gerade mit Leidenschaft erfüllt hatten. Ihr Leben war interessant, sie hatten so viel gemeinsam, und sie hatten einen guten Freundeskreis gefunden. Da die anderen Mitglieder ihrer Reisegruppe über ganz Deutschland verstreut lebten, gab es viel Geselligkeit, Wochenend-Einladungen und Urlaubsreisen zu viert oder zu sechst.

Aber nun diese furchtbaren, sich schleichend androhenden Ungereimtheiten bei Gertraude. »Was wollte ich noch sagen? Wo habe ich die Zeitung hingelegt?« – das war seit langem schon Alltag, und auch Hans kannte das natürlich von sich selbst. Bei Gertraude aber, so schien es, war das jetzt ein Dauerthema. Worte fielen aus (auch das kannte Hans), aber dass man die Kartoffelschalen statt in den Mülleimer in die Waschmaschine lud, war dann doch sehr seltsam. Aber beide lachten darüber, auch das konnte schließlich jedem mal passieren.

Bei der nächsten Reise, als man in der Deutschen Oper in Berlin »Aida« hörte, wurde es peinlich, als Gertraude im Restaurant plötzlich zu singen anfing. Sie sang keine Melodie aus Aida – das hätte man ja noch verstanden, wenngleich auch dies wohl seltsam angemutet hätte. Nein, sie sang unverdrossen »Reich mir die Hand mein Leben«, und faselte davon, dass dies gerade so schön gewesen sei. Merkwürdig! Die anderen schauten betreten drein und Hans hatte Mühe, alles irgendwie zu erklären – Müdigkeit, Eindrücke können sich verwischen, Gertraude hätte gerade eine schlimme Erkältung hinter sich gebracht … Aber auf dieser Fahrt gab es noch andere Peinlichkeiten, und wenn Hans hinterher davon erzählte, stiegen ihm jedes Mal die Tränen in die Augen.

Einer der Freunde nahm ihn beiseite: »Du willst es nicht wahrhaben, dass sie dement ist, aber wenn du glaubst, dass du euer Leben wie bisher weiterführen kannst, wird es für dich noch viel schlimmer. Euer Leben muss sich ändern. Ich glaube auch nicht, dass Gertraude mit all diesen Fahrten wirklich gedient ist. Sieh sie dir an – wie unruhig und zänkisch sie jetzt oft ist!«

Es war ein Schock für Hans, aber nun reimte sich alles zusammen. Er hatte es gewusst, natürlich … aber dass jetzt ihr gemeinsames schönes Leben mit seinen immer noch aufregenden musikalischen Erlebnissen zu Ende sein sollte? Nur noch daheim sitzen? Immer mehr langweilige Haushaltspflichten, die er nun übernehmen sollte? Hans graute es. Es dauerte noch einige Zeit bis er mit einem sorgsam ausgeklügelten Plan für sich selbst ein wenig mehr Freiheit und für beide gemeinsam eine einfach zu durchschauende Routine aufbauen konnte. Gertraude, trotz fortschreitender Demenz, dankte es ihm: Sie wurde zwar stiller, aber immer öfter legte sie dankbar ihren Kopf auf seine Hand. Er merkte, dass die alltägliche Routine ihr gut tat. Leicht war es nicht für ihn, aber es war besser als sein nervöser Versuch, alles beim Alten zu lassen. Die neue Alltagsroutine erhielt noch einige Zeit ein Gleichgewicht aufrecht, das beiden eine Art von Wohlgefühl ermöglichte. Irgendwann musste Hans aufgeben und Gertraude schweren Herzens in ein Heim bringen. Er war aber froh, dass ihnen noch eine angenehme Zeit gegönnt gewesen war.

Es gibt Routinen des Handelns, der Alltagsgestaltung, es gibt aber auch so etwas wie Routinen der Beurteilung von Sachverhalten, auch Routinen des Redens. Beides kann lähmend, aber auch befreiend wirken.

Claudio zum Beispiel ist ein Meister der genormten Rede. Wally, seine Frau, findet das nervtötend. Wenn sie ihn am Morgen fragt, ob er noch Tee haben will, dann kommt unweigerlich »Einen weenzigen Schluck« – wie in dem Film »Die Feuerzangenbowle«. Auch das berüchtigte »equal goes it loose« kommt ihm öfter mal über die Lippen. Wally, die selbst sehr sprachgewandt ist, traut sich nie, ihm zu sagen, wie öde sie eine solche Redeweise findet. Und jetzt? Hat sie mit ihm dann doch mal darüber geredet?

Nein, nie: Wally findet seit längerem, dass das zu Claudio gehört und dass die »Erwartbarkeit« etwas Gemütliches hat. »Würde er beim Frühstück NICHT sagen »einen weenzigen Schluck«, ich würde es vermissen. Und manchmal denke ich, dass an solchen Kleinigkeiten sich später einmal, sollte man alleine sein, die Trauer festmachen wird.« Das, denke ich, ist eine wichtige Wahrheit!

Wally kann sich aber auch noch weiter von sich selbst distanzieren: Sie überlegte, als ich sie fragte, ob sie nicht auch bei sich selbst Ähnliches kennt. Und da wurde ihr recht schnell bewusst, wie oft sie – vor allem im Freundeskreis – immer wieder dieselben Anekdoten erzählt. Das ist natürlich ein Dauerthema bei alten Paaren – man weiß schon, bei welchem Stichwort der andere die komische Geschichte vom Pferd erzählt oder wie lustig die Bemerkung des Enkels im Planetarium war. Wally kann gut erzählen, aber ob nicht auch ihre Zuhörer manche der Geschichten schon kennen? Von Claudio natürlich ganz zu schweigen.

Mit den Beurteilungen von Sachverhalten, so meine ich, ist es ein wenig anders. Immer schon zu wissen, was der Partner/die Partnerin zur Wulff-Affäre oder zu Fragen der Leihmutterschaft sagen wird, oder wie er einen Film beurteilen wird, das ist wenig interessant und lässt wahrscheinlich das eheliche Gespräch veröden. Nicht allen Paaren liegt daran so viel, aber Menschen, die an einer gemeinsamen Urteilsbildung interessiert sind, vermissen dann schon viel. Es kommt gerade darüber zu Explosionen.

»Diese brutalen U-Bahnschläger sollte man aufhängen« – das war und ist (übrigens bei vielen Gewaltverbrechen) die Meinung von Wilhelm. Seine Frau Edith kommt aus einem Milieu, in dem man die Friedensbewegung immer schon hoch hielt und in dem die Berechtigung der Todesstrafe heftig diskutiert wurde. Solche erwartbaren Aussprüche ihres Mannes bringen sie zur Weißglut. Da bleibt von jeder Diskussion etwas zurück an Ärger und auch an Verachtung. Edith vermeidet solche Debatten seit langem, sie möchte sich nicht aufregen.

Henry und Ida lassen sich auch zu diesem Punkt von mir befragen.

E.J.: An welchem Pol ist denn eure Ehe angesiedelt – gibt es eher viel Routine oder wenig, ist sie langweilig oder befreiend?

Henry: Ich danke Gott, dass es diese Alltagsroutine gibt. In unseren ersten Jahren war es wirklich schrecklich, da ging alles drunter und drüber. Warme Mahlzeiten? Kannste vergessen! Normale Schlafenszeiten? Fehlanzeige! Wir haben dauernd hitzige Debatten geführt, in irgendwelchen Wohnküchen, bis in die Morgenstunden. Ich musste viel reisen, Ida mit ihrem Beruf – nichts hat zusammengepasst. Wir haben eben ein wenig wie Studenten gelebt, hatten auch viele Studentenfreunde, die zehn bis zwölf Jahre jünger waren und sich das leisten konnten. Als unsere Tochter kam, wurde es ein wenig ruhiger. Das fand ich dann aber auch wieder zu langweilig, dieses Spießerleben: Vater, Mutter, Kind. Aber jetzt ist's schon gut so, seit wir beide nicht mehr arbeiten, und das ist ja schon eine lange Zeit, seither läuft vieles sehr regelmäßig ab.

Es gibt normale Mahlzeiten, abends lesen wir oder sehen fern, oder wir unternehmen – allerdings nicht mehr so oft – irgendetwas mit Kultur oder Freunden. Und wir gehen vor allem früher ins Bett als in den jüngeren Jahren. Nix Aufregendes eben.

Manchmal bedaure ich das, aber ich merke auch, dass ich es nicht mehr anders hinkriegen würde. Ich bin oft müde. Und ich muss ja auch auf Ida Rücksicht nehmen, die ist viel ruhebedürftiger als ich. Deswegen gehe ich schon mal alleine raus, wenn mir danach zumute ist. Ich gehe ins Kino oder einfach ein Bier trinken, manchmal gehe ich auch ins Theater oder ins Konzert.

E.J.: Ida, welche Worte fallen dir ein, wenn du schnell zum Wort »Routine« assoziierst?

Ida: Friede, langsam, behaglich, selbstverständlich, Harmonie ... Ich finde, dass wir viel zu wenig Routine haben. Henry ist doch solch ein unruhiger Geist. Früher, als er noch berufstätig war, ist ihm dauernd etwas Neues eingefallen. Ich konnte nie sicher sein, ob er zum Abendessen daheim sein würde oder sich vielleicht gerade entschlossen hatte, nach Rom zu fahren. Er hat dann vom Bahnhof aus angerufen, es wäre unbedingt nötig, da gäbe es neue Gesundheitsmodelle, die müsste er studieren. Also, das war für mich furchtbar. Ich hatte schließlich das Kind zu betreuen. In dieser Zeit war ich oft böse auf ihn, weil er dauernd Zusagen unterlaufen hat. Einmal stand ich schon im Mantel da, weil ich zu einem Konzert gehen wollte und er auf die Kleine aufpassen sollte – und dann kam der Anruf.

Jetzt ist es viel besser, aber da Henry ja nun beruflich nichts mehr zu tun hat, hat er sich auf das Theater verlegt. Es gibt bestimmt kein Stück in B., das er nicht gesehen hat. Er möchte gerne, dass ich mitgehe, aber dann käme ich gar nicht zur Ruhe. Ich habe während der ersten Jahre des Ruhestands vieles mitgemacht, bis ich gemerkt habe, dass mich das oft gar nicht so interessierte. Jetzt lasse ich ihn alleine gehen.

E.J.: Die Routine des Alltags, die Ruhe, die musst du dir also alleine suchen?

Ida: Nein, so übertrieben möchte ich das nicht ausdrücken. Aber es stimmt schon, dass Henry das treibende Element ist und ich mich freue, wenn wir abends gar nichts vorhaben und lesen oder gemeinsam fernsehen. Ich achte übrigens sehr darauf, dass wir regelmäßig essen, und daran habe ich Henry auch mehr oder weniger gewöhnt. Wir essen zu Mittag nur eine Kleinigkeit und dafür kochen wir am Abend so gegen sechs Uhr, damit man nicht mit vollem Magen ins Bett geht. Das gibt uns dann auch genügend Zeit, um auszugehen, wenn wir – meist Henry – das wollen. Unser Leben ist viel ruhiger geworden, aber für mich nicht langweiliger. Bei Henry bin ich mir da nicht so sicher.

Bist du mir noch böse? – Verzeihen – verdrängen – vergessen

Wenn man lange zusammenlebende Paare fragt, ob sie ihrem Partner/ihrer Partnerin etwas zu »verzeihen« hätten, ist meist Ratlosigkeit die erste Reaktion. Ach nun, das seien alte Kamellen, das hätte man schon fast vergessen. Obwohl, da gäbe es schon einiges – heute hätte man vieles anders gemacht.

Bohrt man ein wenig nach, dann kann man merken, wie tief manche Verletzungen sitzen und wie sehr auch der gegenwärtige Alltag noch davon durchzogen ist. Man ist zwar über manches hinweggegangen, aber ganz bewusst verziehen hat man nicht. Bestenfalls ist man froh, wenn jetzt »Gras darüber gewachsen« ist. Allerdings: Ein wenig Vertrauensverlust ist doch oft zu merken.

»So naiv bin ich jetzt nicht mehr«, sagt zum Beispiel Mechthild, wenn sie auf die Seltsamkeiten von Rainer zu sprechen kommt. »Ich habe immer gedacht, dass er einfach ein tiefer Mensch ist, der seine Schweigemeditationen in einer Hütte im Schwarzwald ein- bis zweimal im Jahr braucht. Vielleicht ist das ja auch so – aber offenbar hat er das nicht nur mit sich alleine ausgemacht, er brauchte dazu eben auch eine bestimmte andere Person …« Mechthild lacht höhnisch. »Aber – Schwamm drüber, jetzt ist alles gut, Rainer ist alt und ich auch und diese Frau, die sowieso nie wirklich aufgetaucht ist, ist ja wahrscheinlich auch schon etwas verwittert. Es ist aber ein Tabuthema, nachdem es einmal einen großen Krach deswegen gegeben hat.«

Verzeihung sieht so gerade nicht aus!

Was aber ist das »jemandem verzeihen«, was hat es zu tun mit dem »Vergessen« oder mit dem »Verdrängen«?

Dass man etwas »verdrängt«, sagt sich heutzutage so leichthin, als wüsste man sehr genau, was damit gemeint ist. Es handelt sich aber um einen komplizierten inneren Prozess, über den sich auch Fachleute nicht ganz einig sind. Grob gesagt meint man damit, dass peinliche und schmerzliche Begebenheiten dem Bewusstsein entschwinden. Es bleiben aber unangenehme Gefühle bestehen, ohne dass man genau weiß, was es eigentlich ist, das einem zum Beispiel einen Menschen so unsympathisch macht oder warum man bei einem bestimmten Thema immer wieder feuchte Augen bekommt. Das einfache Vergessen dient der Entlastung, es hat keine bösen Nachgefühle. Verzeihen aber kann man nur, wenn man bestimmte belastende Erlebnisse wieder erinnert.

Meine therapeutischen Erfahrungen haben mich sensibilisiert für das Thema, gerade bei älteren Menschen, die einander – wohl oder übel – oft eine ganze Menge angetan haben oder dies zumindest so erlebt haben. Man muss genau hinhören, wenn man erfahren will, ob bestimmte Dinge wirklich »verziehen« sind. Am Grunde vieler Erzählungen über angeblich schon verziehene Begebenheiten liegt noch so viel Wut, dass man nicht umhin kann zu überlegen, wo sich diese Wut auch im gegenwärtigen Alltagsleben ausgebreitet hat.

Leonies Gesicht wird noch immer ganz hart, wenn sie berichtet, dass Rudolf nicht imstande war, die einjährige Tochter für ein paar Tage zu betreuen, als ihre kranke Mutter schon sehr schwach war. Und deshalb sei sie auch »zu spät« gekommen, es habe erst die Schwägerin aus einer entfernten Stadt geholt werden müssen. In der Zwischenzeit sei die Mutter gestorben, ohne dass sie sich hätte verabschieden können. Das sei jetzt »vergessen und vergeben«, meint sie, aber ihre vielfältigen Klagen über Rudolfs Egoismus, seine Nachlässigkeit ihren Bedürfnissen gegenüber – es klingt bei jeder Sitzung durch.

Oder Emmy: Sie erzählt sehr gerne, am liebsten in größerer Gesellschaft, wie Bruno sich benommen hat, als sie operiert werden sollte. Die Erzählung ist witzig pointiert, alle lachen, Bruno selbst ist vielleicht nicht ganz so amüsiert. Die Geschichte aber zeigt vieles auf – auch wenn seither schon 40 Jahre vergangen sind. Emmy war relativ gefasst vor dieser OP, so erzählt sie lachend, aber Bruno, der die Stunden davor an ihrem Bett saß, wurde immer unruhiger und erzählte ganz aufgeregt, dass ihm vom Krankenhausgeruch immer so schwindlig werde. Er könne es nicht mehr lange aushalten, er müsse gleich erbrechen! Da rief die immer resolute Emmy die Krankenschwester und bat um ein Valium. Die Schwester wollte sie besänftigen, sie bekäme gleich ein gutes Mittel vor der Narkose, da werde sie ruhig werden. »Aber nein«, rief Emmy daraufhin, »nicht für mich, für meinen Mann!« Emmy lässt durch diese Erzählung ahnen, dass Bruno sich auch in anderen kritischen Situationen nicht gerade standhaft verhält.

Was ist es, was »verziehen« werden muss?

Ungeachtet der sehr vielfältigen Anlässe zieht sich wie ein roter Faden durch das Geschehen, dass derjenige, der verletzt wurde, sich als Person missachtet fühlt, dass er (sie) nicht das Gefühl hat, er (sie) werde geschätzt. Man fühlt sich minderwertig, wenn man angelogen wird, ein

Stück seiner Würde beraubt; man hat das Gefühl, man stehe nicht im Mittelpunkt der Aufmerksamkeit des anderen. Meist wird ein großer Mangel an Empathie beklagt. Darauf lässt sich fast alles zurückführen, was uns verletzt.

Ich frage sehr explizit nach Begebenheiten, die man »nicht verzeihen« kann. Meist sagen gerade ältere Menschen, man könne ganz gut verzeihen, weil ja so viel anderes geschehen sei, nicht alles sei schlecht gewesen etc. Dessen ungeachtet bleibe ich bei meiner Frage.

»Was ich ihr nicht verzeihen kann«, sagt Ulrich schließlich, »das ist ihr Unverständnis dafür, dass ich anfangs im Beruf so unglücklich war und sehr gerne noch etwas anderes studiert hätte. Sie hätte einspringen können; sie hat gut verdient, ihre Eltern sind wohlhabend, wir hätten eine Studienzeit problemlos überbrücken können. Aber sie fand es »beschämend«, uns finanziell unterhalten zu lassen, und ihren Eltern hätte sie das sowieso nie zugemutet. Sie hat immer gefunden, ich müsste mich mit meinem Beruf aussöhnen und hat nicht verstanden, dass das Lehrersein mich grässlich quält. Ich habe dann immer Bücher über gute Didaktik und Pädagogik auf einer Bücherliste angekreuzt gefunden. Das hat mich besonders gekränkt.«

Wieso die Ehe das überhaupt überstanden habe – ein solch wichtiges Lebensproblem? Ulrich erzählt, dass er bald nach all diesen Querelen eine Möglichkeit sah, in einem Schulbuchverlag einzusteigen – das kam seinen Interessen schon ganz gut entgegen, und da sei das andere zurückgetreten, denn sie seien schon auch ein »gutes Paar«, das vieles gemeinsam machen kann. Ulrich ist jetzt 70, seine Frau Eva ist 68 und sie genießen vor allem das kleine Häuschen, das sie sich am Rande der Stadt gebaut haben, wo sie fast jedes Wochenende verbringen.

Es gibt eheliche Begebenheiten, die den anderen abwerten und es gibt solche, die ein hohes Maß an Unverständnis aufzeigen. Oft trifft beides zu. Es gibt unverzeihliche Momente, in denen etwas passiert ist, was dem Partnerleben besonders schadet und es gibt »Haltungen«, die unverzeihlich scheinen. Und natürlich gibt es auch Nachlässigkeiten, die als bitter empfunden werden.

Bittere Verletzungen signalisieren immer, dass man sich nicht verstanden und nicht entsprechend gewertet sieht. Man hat den Eindruck, der andere sei gefühllos, emotional stumpf, ohne Empathie.

Natürlich gibt es Menschen, die sich so leicht verletzt fühlen, dass man den darunter liegenden Narzissmus – nämlich den Gedanken, alle Welt müsse sie bis ins Kleinste verstehen und schätzen – so deutlich spürt, dass dem Beobachter jedes Mitleid vergeht.

Gisela ist von solcher Art. Ihr Ehemann kann offenbar nur wenig richtig machen, obwohl er sich redlich Mühe gibt. Nie fühlt sie sich verstanden, nie gewürdigt. Als er ihr zum Beispiel, als sie krank war, vom Markt einen riesigen Tulpenstrauß mitbrachte, legte sie ihn achtlos beiseite: »Ha, vom Markt – da gibt es ja nicht einmal Folie, ist halt auch billiger!« – solcherart sind die »Verletzungen«, die sie davonträgt. Dass auch ihn solche Dinge verletzen, sieht sie nicht ein.

Es gibt aber im Paarleben tiefgreifendere Wunden. Dass Ulrich nicht das Gefühl hat, von seiner Frau Eva verstanden zu werden, ist verständlich. Bis heute sieht sie es als einen besonderen Glücksfall an, dass Ulrich nun seinen befriedigenden Job im Schulbuchverlag gefunden hat. »Ob du als Architekt (sein Wunschberuf) erfolgreich geworden wärst, ist sowieso fraglich«, so resümiert sie manchmal. Dass es bei diesem ehelichen Krisenmoment um sehr viel Wichtigeres gegangen ist, kann sie nicht sehen. Zwar führen sie eine ganz gute Ehe, aber der sehr viel weichere Ulrich empfindet seit dieser Zeit Distanz. Als eine »Kumpelehe« bezeichnet er ihr Zusammenleben. Sie würden recht gut gemeinsam den Alltag bewältigen, vor allem die Arbeit am kleinen Häuschen sei befriedigend für beide, und so habe sich ihre Gemeinsamkeit wieder einigermaßen hergestellt. Ulrich berichtet aber von Zeiten, wo er seine Frau fast verachtet hat. Sie sei ihm hart, oberflächlich und materialistisch vorgekommen. Er habe damals dauernd an Scheidung gedacht, aber die zwei Töchter ...

Und jetzt – könne er ihr Unverständnis »verzeihen«?

Ulrich meint, das sei nicht ganz leicht. Oberflächlich betrachtet – »ja«; es tue nicht mehr weh, die damals entstandenen Streitigkeiten mit den übrigens gegenseitigen Verletzungen seien nun schon sehr verblasst. Aber nicht nur das: Er habe im Laufe der Zeit auch die »andere Seite der Medaille« sehen gelernt. Diese sei sozusagen von Eva repräsentiert. Was er vielleicht zu Recht als »materialistisch« angesehen habe, sei eben ihre realistische Einschätzung der Welt. Könne er wirklich behaupten, er wäre ein erfolgreicher und ordentlich verdienender Architekt geworden? Natürlich nicht! Und wäre er dann zufriedener gewesen als jetzt, wo er solch eine anständige Pension bekäme? So besehen sei ja alles »gut ausgegangen«. Und trotzdem: Da bliebe ein ganz kleines Grollen. Nein, das sei zu viel gesagt; es sei vielleicht nur dies Gefühl, dass sie ihn nicht bis ins Letzte versteht. Dass sie ihn ein wenig als einen Spinner ansieht ... Aber ihre vielen anderen guten Eigenschaften, ihre bewährte Fürsorge, die Freude an den

Kindern, ihre Freundschaften: Das macht vieles wett. Nein, er denke, dass er ihr schon »verziehen« hat.

Hier spricht Ulrich etwas aus, das sehr wichtig ist, wenn man sich tief verletzt fühlt. Es ist die Sehnsucht danach »bis ins Letzte verstanden« zu werden. Das ist ein ganz und gar kindlicher Wunsch, nur bei Kindern begreiflich, die ein tiefes Verstehen ihrer Bedürfnisse brauchen, um zu überleben und gut ins Leben einzusteigen. Aber nicht einmal in der allerersten Zeit ist dieses tiefe Verstehen möglich: Immer wieder hat die Mutter eigene Bedürfnisse oder kann die »Sprache« des Säuglings nicht richtig deuten. Erst langsam bildet sich eine »Verstehensgemeinschaft« heraus. Ganz befriedigend wird sie nie sein können, das ist eben so zwischen Menschen, die je individuelle Wünsche haben.

Es gibt aber Menschen, die in besonderer Weise darauf angewiesen sind, ganz und gar »verstanden« zu werden, weil sie die Beschränkungen menschlicher Kommunikation einfach nicht wahrhaben wollen. Diese haben es meist schwer in einer Partnerschaft, sie nehmen von vornherein an, der andere müsse ihre Bedürfnisse »erahnen«, müsse wissen, was sie jeweils brauchen. Ist man davon sehr überzeugt, dann hat eine Partnerschaft schlechte Chancen. Dann fällt auch das Verzeihen schwer. Es gilt vieles als »Todsünde«, was andere gar nicht so ernst nehmen.

Dass Raimund vor vielen Jahren – da waren beide Mitte fünfzig – einmal gesagt hat, Gerlinde müsse nun abnehmen, in letzter Zeit sei sie üppig geworden, verzeiht sie ihm bis heute nicht, und sie sind jetzt beide über 70. Sie behauptet, dass sie seit dieser Zeit nie mehr sorgenfrei gegessen habe – eine groteske Aussage, wenn man die vielen Italien-Urlaube mit den hervorragenden Pasta-Gerichten bedenkt, die beide mit Freuden genossen haben. Gerlinde, wie man sich vorstellen kann, ist sehr eitel, sehr körperbewusst, und tatsächlich kann Raimund das schlecht verstehen. Dass er immer wieder an diesen Ausspruch erinnert wird, findet er unsäglich dumm und kann dies wiederum seiner Frau nicht verzeihen.

Tiefere Verletzungen entstehen meistens, wenn einer der beiden Partner sich einem anderen zuwendet und damit klar macht (oft versteht der andere es allerdings nur so), dass man nicht mehr zentriert auf den anderen leben will. Ein anderer Mann, eine andere Frau ist scheinbar wichtiger! Madeleine hat in dieser Hinsicht einiges erlebt. Wenn man sie fragt, ob und wie sie dies – jetzt sind die beiden 72 und 76 Jahre alt – verzeihen konnte, dann lacht sie nur. Diese Zeiten seien zwar für sie sehr problematisch gewesen, aber so ganz ernst genommen habe sie diese Fremdgeherei nie. Ihr Mann, Otto, sei so leicht entflammt, wie ein Kind sei er, sie habe immer dasselbe Muster gesehen. Zuerst sei irgendeine Frau ins Zentrum ihrer Gespräche gerückt, er habe dann diese Frauen zuerst mal ein wenig von oben herab betrachtet. (»Irmela? Na ja, solche dürren Bohnenstangen liegen mir ja nicht, aber sie ist nicht dumm«). Schon da sei sie aufmerksam geworden. Warum müsse denn dauernd von Irmela gesprochen werden? Also, Irmela habe dies oder jenes gesagt, sie sei doch recht klug und belesen ... Irgendwann sei nicht mehr von ihr die Rede gewesen, aber Otto sei öfters später nach Hause gekommen – na, dann habe sie schon Bescheid gewusst. Sie habe aber auch gewusst, dass diese Phase bald vorbei sein werde. Sie habe ihm immer auf den Kopf zugesagt, was gerade passiere und habe es nicht so ernst genommen. Wie die meisten Männer hätte er zuerst alles geleugnet – »nur eine anregende Gesprächspartnerin« –, schließlich alles zugegeben und daraufhin sei es zu Ende gewesen. Sie habe dies nie verlangt (»Da bin ich dann doch noch ein wenig 68erin!«). Eigentlich habe sie sich nur in der Phase gekränkt gefühlt, wenn er sie belogen habe. So als halte er sie für dumm. Das sei vielleicht das Einzige, was sie »verzeihen« müsse, und das tue sie. Otto sei noch immer ein leicht zu beeinflussendes Kind, aber er habe so viele wunderbare Eigenschaften, sei solch ein begnadeter Künstler, sie buche das unter »Inspiration« ab. Man glaubt Madeleine das sogar, sie scheint einer der Menschen zu sein, die nicht das Gefühl haben, sie müssten dauernd im Mittelpunkt stehen.

Dies sieht für Marie anders aus. Ted, der notorische »Gockel« wie sie ihn nennt, hat für Tränen und sehr viel Streit, sogar monatelange Trennungen gesorgt. Marie fühlte sich als Frau minderwertig, wenn wieder eine Nebenfrau auftauchte, Ted gab ihr das Gefühl, sie sei nur noch »anwesend«, aber nicht mehr wichtig. Marie liebt Ted sehr, er war schon ihr Jungmädchenschwarm gewesen, da sie in dieselbe Schule gegangen sind. Als sie ihn schließlich gegen alle bewunderten Schönheiten ihrer Schule »ergatterte«, fühlte sie sich als Königin. Ihr Selbstwertgefühl blühte auf. Leider ist diese Art Selbstwerterhöhung meist nicht von langer Dauer. Allzu fest ist es an das Verhalten des Partners geknüpft. Und so ist Marie auch immer wieder tief gefallen. War aber die jeweilige Nebenbeziehung zu Ende, dann war Ted von solch gewinnendem Charme, warb um sie, bewunderte sie und brachte überreiche Geschenke: Da fiel Marie sofort um und »verzieh« ihm alles. Nun, da sie beide alt geworden sind und das Thema »Frauen« keine besonders große Rolle mehr spielt, hat Marie vieles verstanden und wohl auch »verziehen«. Sie ahnt, warum Ted dies alles »braucht« und warum er sie gewählt hat, sie, die mit solch großer Treue zu ihm steht. Und was ist ihr Anteil an dieser ganzen Kette von Betrügereien? Nun, Ted hatte solch großes Vertrauen in sie, denkt sie, dass er die für ihn notwendigen »Ausflüge in Nachbars Garten« ohne Gefahr ausleben konnte. Mit einer anderen wäre dies nicht gut gegangen. Marie ist eine kluge Frau, aber ihre Begründungen für ihre verzeihende Haltung sehen ein wenig nach Schönfärberei aus. Allerdings, wenn man es näher bedenkt – es liegt auch wiederum Befriedigung im Gedanken, dass man die Einzige sei, die ihn »halten« konnte. Ted bestätigte dies auch einmal, als es ihm körperlich sehr schlecht ging. Marie nimmt diese Bestätigung ernst. Das macht das »Verzeihen« leichter.

Krasse Abwertungen (»Schlappschwanz«, »Männchen«, »Verstehst's ja doch nicht«, »Landei«) werden selten vergessen und immer wieder hervorgeholt. Man kann sie verzeihen – fast immer aber nur dann, wenn der andere sich dem, was er gesagt hat, auch wirklich stellt und sich entschuldigt. Eine meiner Klientinnen konnte sich nicht damit abfinden, dass ihr Mann, der in früheren Jahren noch sehr stark unter dem Einfluss seiner Mutter gestanden hatte, ihr immer wieder zu verstehen gegeben hatte, sie sei sozial und intellektuell seiner nicht würdig (da fiel auch das Wort »Landei«). Sie führen seit geraumer Zeit eine recht harmonische Ehe, aber dieses Wort war haften geblieben – obwohl nie mehr wiederholt. Es war auch nie mehr darüber gesprochen worden. Ich riet ihr dazu, jetzt, wo sie beide über sechzig waren, diese Beleidigung anzusprechen. Nach einigem Zögern tat sie es – und die darauf folgende Aussprache hat beiden so gut getan, dass meine Klientin wirklich davon sprechen konnte, sie habe ihm »verziehen«.

Um wirklich verzeihen zu können, muss man zuerst einmal die »Wut« spüren, die durch die Verletzung entstanden ist, sagt R. D. Enright (2006). Das mag in vielen Fällen gelten. Gerade im Alter aber spürt man oft nicht unbedingt mehr die »große Wut«, die man damals empfunden hat. Diese Wut verflacht sozusagen zu einem Gefühl von Resignation, diesem »Es wird sich nie ändern«-Gefühl, das einen ein wenig lahm und traurig zurücklässt. Dann kann es wichtig sein, dass man sich die wirklich tief sitzenden Kränkungen sehr detailliert wieder ins Gedächtnis ruft, dass man sich sehr klar macht, welcher Punkt ganz genau es ist, der noch immer weh tut – auch wenn es jetzt nicht mehr die ganz große Kränkung, die große Wut ist.

In therapeutischen Gesprächen frage ich gerade hier sehr genau nach: Natürlich tut es weh, abschätzig ein »Landei« genannt zu werden, das würde fast jedem so gehen. Aber jedem Menschen tut es auf ganz eigene Weise weh, für jeden steckt eine ganz besondere Botschaft drin, die man entschlüsseln muss, bevor man sich damit auseinandersetzt. In diesem speziellen Fall war es für meine Klientin die Tatsache, dass sie genau spürte, dass hier die ungelöste Mutterbindung am Werk war. Ihr Mann hatte noch immer die vielen Vorurteile seiner arroganten Mutter übernommen. Die spezielle Beleidigung, als ein »Landei« bezeichnet zu werden, hatte sie gar nicht so sehr getroffen, weil diese Klientin gerade in punkto sozialer Herkunft gar keine Komplexe hatte: War sie doch in einem kleinen Städtchen als durchaus bewunderte Tochter des Bürgermeisters aufgewachsen und hatte diesen Status genossen. Dass die Familie ihres Mannes von großbürgerlicher, wenngleich verarmter Herkunft war, ließ sie kalt. Nein, es war diese jahrelang dauernde Beeinflussung durch die

Schwiegermutter, die sie daran denken ließ, sich scheiden zu lassen. Die ersten Jahre ihrer Ehe waren davon überschattet und genau das nahm sie ihrem Ehemann übel. Nun ist die Mutter lange tot, das Problem liegt tief vergraben, aber dass ihr Mann sich als so schwach erwiesen hat, bleibt bestehen.

Wie aber sieht dann ein solches »Verzeihen« aus?

Es ist zwar nichts besonders Aufregendes damit verbunden, aber es verdreht den Sichtwinkel ein wenig. Und aus diesem Sichtwinkel heraus kann man vieles sehen, was vorher nicht im Blick war. So sieht meine Klientin jetzt besser, wie jung und auch hilflos ihr Mann zur Zeit der Heirat war. Als Sohn einer verwitweten Mutter hatte er sich als »Beschützer« der Mutter gefühlt, aber solch verdrehte Verhältnisse haben ja immer ihren Preis. Und so sieht meine Klientin jetzt ihren Mann als noch jugendlichen »Beschützer«, der alles mit der Mutter bespricht und – jung wie er ist – sehr stark von ihr bestimmt wird, denn in Wirklichkeit ist natürlich die Mutter die Dominante. Meine Klientin kann aber auch sehen, dass ihr Mann seither gereift ist. Sie schafft es, mit ihm über die Vergangenheit zu sprechen und ihm zu sagen, wie sehr sie sich damals vernachlässigt gefühlt hat. Ihr Mann hat solche Gespräche noch nie geliebt, aber diesmal merkte er, dass es ihr ernst war – und seither fühlt sie, wie sie meint, gar keine bösen Gefühle mehr. Ich denke, sie hat ihm »verziehen«, auch wenn sie dies nicht so benennt.

Das Wesentliche war bei ihr also die Hinwendung zum tieferen Problem, das weniger in diesem wohl im Zorn dahin geworfenen Wort bestand als in der Tatsache, dass sie jahrelang die ungelöste Mutterbindung eines schwachen Mannes zu ertragen gehabt hatte. Tatsächlich hatte sich ihr Mann auch nicht mehr an das »Landei« erinnert, aber dass sie durch vielerlei andere Dinge durch seine Mutter geärgert worden war, hatte er durchaus verstanden und in diesem wichtigen Gespräch auch eingesehen. Das macht das Verzeihen leichter, es ist aber nicht unbedingt notwendig. Manchmal genügt auch eine innere neue Sicht auf denjenigen, dem man einiges zu verzeihen hat – dazu gehört meist auch die Einsicht, dass man selbst ebenfalls nicht ohne Schuld ist.

Bestimmte Dinge könne man nicht verzeihen, meint mancher. Das mag stimmen. Häufen sich in einer Partnerschaft solche Begebenheiten, dann wird das Zusammenleben schwierig.

Auch das kann aber passieren: Man »braucht« den »bösen anderen«, um durchs Leben zu kommen, um sich selbst immer wieder zu beweisen, dass sich nichts ändern kann, dass das Leben eben schrecklich ist und dass der Partner (die Partnerin) daran schuld ist. Das kann auch im Alter noch eine starke Bindung sein. Von Verzeihung kann dann keine Rede sein.

Uschi und Matti kleben aneinander wie Kletten. Keiner unternimmt etwas ohne den anderen: Kino, Freunde, Treffen mit den erwachsenen Kindern. Sie sind nun seit 39 Jahren verheiratet und Uschi behauptet, dass sie keinen Tag glücklich war. Matti sieht das ein wenig anders, soweit ich das als relativ entfernte Bekannte beurteilen kann. Warum sie sich nicht getrennt haben? Ach … na ja … Matti hat die Familie finanziell gut versorgt, und damals war man als geschiedene Frau ja wie eine Aussätzige (Uschi ist jetzt 64, Matti 74 Jahre alt, die Zeiten sind auch in ihren jüngeren Jahren nicht mehr so hart zu den Frauen gewesen, das ist also wirklich eine Ausrede). Und jetzt – nein, jetzt als eine einsame Alte zu leben? Nach alledem, was sie geopfert hat? Die drei Kinder, ihren Beruf aufgegeben – nein, es steht ihr zu, jetzt auch etwas vom Leben zu haben. Dass Matti das alles mitmacht, ist nicht ganz leicht zu verstehen, er wird aber seine Gründe haben. Was Uschi an Matti am meisten ärgert und aufregt: dass er einmal eine Freundin hatte. Und vorher? Ach, er war nie sehr liebevoll, nur Sex wollte er, aber Liebe? Nun, da ist wohl nichts zu machen – manche mögen's eben kalt.

Der Akt des »Verzeihens« ist fast nie ein sehr bewusst durchgeführtes Manöver. Er findet meist im Inneren statt und dauert lange Zeit. Als bewusst durchgeführter Akt ist er meist wertlos, nur ein Lippenbekenntnis. Man kann Verletzungen des Selbstwertgefühls, des Gefühls, man werde missverstanden, man werde in zentralen Bereichen des Lebens nicht anerkannt, nicht ganz einfach »wegstecken«, wie das im modernen Slang heißt. Wirklich tiefe Wunden werden nicht weggeblasen wie das »Wehweh« des Kindes durch den Segensspruch.

Das Verzeihen ist ein Prozess, und manchmal weiß derjenige, der verzeiht, gar nichts davon, bis er eines Tages merkt: Jetzt tut es nicht mehr weh, jetzt kann ich mehr verstehen, oder: Ich habe es nicht mehr nötig, gerade in diesem Bereich anerkannt zu werden.

Ältere Menschen in der Partnerschaft, denen ein solches Verzeihen möglich ist, strahlen das meist auch aus. Man fühlt sich wohl bei ihnen, man wird selbst friedlich gestimmt.

Nichts ist peinlicher als Zeuge grollender Ressentiments zu sein – und das wäre die Gegenseite des Verzeihens. Immer noch dieselben Macken, immer noch dieselben Uneinsichtigkeiten … Und dies wird auch den Fremden klar: Dieses böse, gezischelte »Wie wäre es, wenn du endlich mal die Flasche aufmachen würdest – oder soll ich das auch noch machen?« oder, spöttisch grinsend: »Volker glaubt immer noch, dass die kleine Nachtmusik ein Goethe-Gedicht ist« – das alles deutet darauf hin, dass hier die Eigenarten des anderen immer wieder von neuem aufgespießt werden und nichts vergeben ist.

Dass bestimmte Dinge im Paarleben sich nicht ändern lassen, ja, dass sich bestimmte Lebenskonstellationen insgesamt schwer verändern lassen: das einzusehen gehört wohl zu den schwierigen Lebensaufgaben jedes Menschen. Man kann natürlich verharren im Erwarten der Veränderung – im anderen! – aber dieses Warten verbittert das Leben.

Meist hilft es, wenn man sich klar macht, wie viel vielleicht auch der andere zu verzeihen hat. Die selbstgerechte Verzeihung gehört wohl zu den schlimmsten Demütigungen, die man dem Partner angedeihen lassen kann.

Das Leben wird leicht, wenn man verzeihen kann. Heißt das, man hat vergessen? Meist nicht; obwohl die Verzeihung manchmal dazu führt, dass man die Fakten zwar noch weiß, aber die damit verbundenen Schmerzen nicht mehr spürt.

Wer diese Art des ehelichen Verzeihens beherrscht, hat viel begriffen davon, wie es im Leben zugeht. Eines der schönsten literarischen Denkmäler über das Verzeihen hat Heinrich v. Kleist in seiner Novelle »Die Marquise von O.« uns geschenkt. Die adelige Marquise muss bekanntlich ihrem (späteren) Mann eine Vergewaltigung verzeihen. »Um der Gebrechlichkeit der Welt« wegen, so heißt es am Schluss, hätte sie ihm vergeben. Die »Gebrechlichkeit des Lebens« insgesamt zu akzeptieren – das schenkt Freiheit.

Das kann vor allem in den späteren Jahren, wo man genügend Gelegenheiten hat, Unveränderbares zu begreifen, inneren Frieden verschaffen.

Mein Gespräch mit Henry ergibt etwa Folgendes:

Henry: Verzeihen? Nein, ich wüsste nichts, was ich Ida verzeihen sollte. Eher müsste sie mir verzeihen – ich weiß nicht genau, ob sie das schafft. Ich weiß, ich habe sie oft als »hart« empfunden und habe das wohl auch gesagt, wenn es großen Streit gab. Aber das ist eben ihre Art, und ich habe ja schon mal gesagt, dass ich diese Art auch zu schätzen weiß. Oder besser gesagt: dass ich das gar nicht mehr als »hart« empfinde, sondern eher als realistisch. Und das kann man ja nicht »verzeihen«, sondern nur »besser verstehen«. Das ist es vielleicht, was wir beide im Laufe unserer langen Ehe gelernt haben: die Eigenart des anderen verstehen, hinnehmen, nicht glauben, dass man den anderen wirklich »ändern« kann. Ob das etwas zu tun hat mit »Verzeihen«? Na ja, wenn man es ein wenig hin und her dreht – etwas Ähnliches ist es schon!

Und Ida? Gibt es für sie wirklich mehr zu »verzeihen«?

Sie möge das Wort nicht so sehr, unter diesem Gesichtspunkt habe sie über ihre Ehe auch nicht nachgedacht. Verzeihen sei so etwas »von oben herab«.
Und wenn es um solch »harte Fakten« wie Fremdgehen geht?
Na ja, da sei sie ein wenig befangen, noch immer. Ja. Sie habe das wohl schon – vergessen? Oder verdrängt? Ida ist unsicher, weil sie nicht gerne vom »Verzeihen« spricht.

Aber das sei natürlich immer wieder ein großes Problem gewesen, das habe sie nicht vergessen. Und wenn sie auch glaube, dass dies nun ausgestanden sei, so sei dies dem Alter geschuldet und wahrscheinlich nicht Henrys Einsicht, dass diese Neigung zu anderen Frauen sie verletzt habe. Andererseits: Man könne nicht genug betonen, dass ihre ersten Jahre wirklich unter einem anderen ideologischen Stern gestanden haben. Man habe die »Freiheit«, die man sexuell zu brauchen glaubte, wirklich unglaublich überhöht, so als wäre damit schon die ganze Gesellschaft verändert – Kapitalismus weg, Gleichberechtigung errungen und so weiter. Die sexuelle Freiheit der Frauen war übrigens doch noch ein klein wenig anders definiert, zumindest hat Ida das so erlebt, als auch sie sich einmal einem anderen Mann zugewandt hat. Nein, Ida meint, sie müsse nicht viel verzeihen, weil Henry nie gemein zu ihr war, weil sie sich immer als die Wichtigste gefühlt habe. Und auf dieses Gefühl komme es doch schließlich an – oder?

Kann er mich noch begehren? – Sexualität und der alte Körper

Nicht nur im Freundeskreis, sogar in der Therapie ist das Kapitel Sexualität im Alter ein oft schwierig zu besprechendes Thema. Dies gilt noch mehr für Männer als für Frauen. Die Bedürfnisse sind manchmal schon in jüngeren Jahren recht unterschiedlich. Es wäre für viele Menschen erleichternd, wenn sie wüssten, wie es den Altersgenossen damit geht. Wie Untersuchungen uns zeigen, sind auch alte Menschen noch interessiert, zumindest an körperlicher Zuwendung, oft auch an Sexualität. Sie schämen sich aber. Das gilt mehr noch für Frauen als für Männer.

Ob und wie oft alte Männer »noch können«, ist ein oft belächeltes, bespottetes oder auch prahlerisch herausgestelltes Thema.

Ich denke, es wäre für viele alte Menschen gut, wenn man es seiner Wichtigkeit berauben würde. Ältere Frauen können das ganz gut. Es ist ihnen nicht so wichtig, sie möchten zärtlich behandelt werden, sie lieben es, wenn ihr Partner sie streichelt und liebkost – aber sie brauchen nicht unbedingt Sexualität im engeren Sinn. Oft sind es die Männer, die sich zurückziehen, weil sie denken, dass sie lächerlich wirken, wenn es nicht »bis zum Ende« geht. Es entsteht manch ungutes und unnützes Missverständnis, weil wir trotz aller sexuellen Aufklärung noch immer nicht vernünftig über Sexualität sprechen können. Paare im höheren Alter sind zwar auch schon von den diversen Aufklärungswellen erfasst worden, aber als »selbstverständlich« haben sie es doch nicht erlebt. Man sprach eben nicht so natürlich wie die Enkel über »mein Schwänzchen« oder »die Muschi« – und wenn man ehrlich ist, findet man es auch ein wenig peinlich, wenn die Kleinen so sprechen. Oft hat man mit dem eigenen Ehemann die intimen Körperteile noch nie wirklich benannt, auch nicht mit Kosenamen. Also fällt auch das Sprechen darüber im Alter gar nicht so leicht. Andererseits: Da man dauernd hört, wie wichtig Sexualität auch für alte Menschen ist, möchte man auch nicht in weiser Altersabstinenz als asexuelles Paar erscheinen. So werden zwar im Bekanntenkreis gar nicht selten Witze gemacht über das Thema – aber eine klare Aussprache gibt es selten.

»Wir haben getrennte Schlafzimmer, weil Harald so laut schnarcht«, erklärt Sybille bei der Wohnungsführung. »Aber das ist ja nicht so wichtig, das bedeutet nichts«, fügt sie ein wenig unsicher hinzu. Harald und Sybille sind beide Ende 70, und Sybille müsste sich eigentlich keine Sorgen machen darüber, ob die Bekannten ihnen noch Sex zuschreiben oder nicht. Wir wissen es natürlich auch nicht, aber dass Sybille gerne hätte, dass wir es glauben, ist ziemlich klar.

Es streiten bei den heutigen alten Paaren einige durcheinander wirbelnde Wertvorstellungen über Sexualität. Wie oft? Und überhaupt? Und wenn nicht? Das sind die Fragen, die man insgeheim stellt, und man wüsste vielleicht doch ganz gerne, wie andere dazu stehen.

Ohne viel Federlesens erzählt Leonie ihrer Therapeutin, dass (sie ist 68, er ist einige Jahre älter) bei ihnen schon seit Jahren »nichts mehr läuft«. Damit habe sie sich abgefunden, die Schlafzimmer getrennt und auch sonst »selbstverständlich« die körperlichen Intimitäten eingestellt. Die Therapeutin findet das nicht ganz »selbstverständlich«, denn sie meint, dass auch ohne Sex Zärtlichkeit und körperliche Nähe möglich und wichtig sind. Leonie scheint dies irgendwie unnatürlich. »Wenn er mich nicht mehr mag, dann will ich auch nichts von ihm.« Das ist, nach Meinung der Therapeutin, nicht dasselbe. Leonie wirkt beleidigt. Wahrscheinlich könnte sie ihrer Beziehung durch ein Aufsuchen der Körperlichkeit mehr Lebendigkeit geben? Aber Leonie bleibt unnachgiebig, und ihr Mann schämt sich.

Lucie, die über 80-jährige erstaunlich lebendige und gesunde zwölffache Oma und dreifache Uroma, ist da sehr viel klüger. »Josef will mich unbedingt neben sich liegen haben in der Nacht, obwohl es mit dem Sex nicht mehr klappt. Aber er ist so lieb und zärtlich, manchmal komme ich dadurch in Erregung und für mich ist es dann sehr schön. Und Josef sagt, er liebe es, mich so zu erleben, er hätte davon auch sehr viel.« Lucie findet das wunderbar und meint, dass das »Kuscheln« für sie so wichtig sei, dass sie sich auf jeden Abend freue.

Es braucht also viel Neudenken, viel Erfindungsgabe um das, was an Sexualität noch möglich ist, auch auszunützen. Denn dies wird aus den Berichten, die ehrlich sind, wohl klar: Man muss erfinderisch umgehen mit der Ressource Sexualität – wie immer das auch aussehen mag.

Ein schwieriges Kapitel ist die recht häufige Ungleichheit der Bedürfnisse. Oft sind es Männer, die sich beklagen, dass ihre Frauen nach der Menopause nicht mehr so ansprechbar sind wie in der Jugend. Dies gibt zu vielen Streitigkeiten Anlass. Und auch diesem Problem kann man nur mit neuen und kreativen Lösungen begegnen.

Helen ermuntert ihren 67-jährigen Ehemann oft dazu, sich mit ihrer Hilfe selbst zu befriedigen. Sie sähe gerne zu, meint sie, und es klingt recht ehrlich. Warum sie selbst dem Sexualakt abgeneigt sei? Ja, sie wolle nicht heucheln, es täte auch weh, sie sei auch früher nicht so »wild« darauf gewesen und jetzt wolle sie sich nicht mehr verbiegen. Sie sähe aber ein, dass ihr Mann das »brauche«. So habe sie einmal einen Termin mit einem dieser sogenannten »erotischen Thai-Massage-Mädchen« aus dem Internet verabredet und sich alles Mögliche zeigen lassen. Sie hat das Mädchen übrigens sehr nett gefunden, und das alles sei liebevoll und erfreulich. Manchmal lässt ihr Mann sich das gerne gefallen und kommt auch so zum Orgasmus.

Ich bin überrascht von dieser ungewöhnlichen Form, mit Sexualität umzugehen und bewundere Helen mit ihrer Direktheit. Sie war schon immer ein »zupackender« Typ und ist es jetzt auch im »wörtlichen Sinn«, wie sie lachend sagt.

Dass sie oft viel Geduld brauche mit ihrem Mann, erzählt Erika, aber manchmal werde diese Geduld auch belohnt. »Ehrlich gesagt, mir macht das nicht gar so viel Spaß, aber wenn ich sehe, wie glücklich er ist – dann bin ich auch zufrieden.« Und Erikas eigene Wünsche? »Ach«, meint sie, »mit Selbstbefriedigung komme ich leichter zum Ziel, das mache ich aber heimlich, ich will meinen Mann nicht verunsichern. So wichtig ist mir das auch nicht mehr.« Auch das ist eine Lösung – und warum sollte sie schlechter sein als andere? Erika hat ihren Mann sehr gerne, Sex ist ihr nicht mehr so wichtig und ihr Mann freut sich – Ehrlichkeit ist nicht immer und überall das einzige Mittel.

Schwierig ist es oft, sich mit den eigenen körperlichen Unzulänglichkeiten auszusöhnen. »Wie kann er ein solch schrumpeliges Weib mit Hängebusen denn noch lieben?« scheint bei vielen Frauen der darunterliegende Text. Dass junge hübsche Mädchen »seine« Augen noch immer aufleuchten lassen, schmerzt manche Frau. Man kann es aber auch mit Humor tragen. Dass die langjährige Partnerin etwas »ganz anderes« ist, wie Mann auf Befragen angibt, ist nicht nur eine Ausrede. Es ist wirklich etwas »ganz anderes«, und es ist nichts Schlechteres.

Meist ist die Aufrechterhaltung der körperlichen Beziehung wichtiger als die Sexualität, und dies kann man eigentlich immer herbeiführen. Es gibt einer Beziehung auch im Alter den Glanz der Einmaligkeit, das »ganz besondere«, das nur dieses Paar auszeichnet. Natürlich kann es äußere Gründe geben, getrennte Schlafzimmer zu benutzen – man sollte sich aber recht genau prüfen, ob es wirklich das Schnarchen oder die Schwierigkeiten beim Durchschlafen oder ähnliche »vernünftige« Gründe sind, weshalb man sich körperlich distanziert. Selbst wenn die Gründe stichhaltig sind: Schmusen vor dem endgültigen Einschlafen oder am Morgen – das sollte immer möglich sein. Es kann vielerlei Alltagsschwierigkeiten den Stachel nehmen, dieses Gefühl: Er/sie liebt auch noch meinen Körper, ich bin für ihn/sie noch Frau (oder Mann).

Wie hieß der noch mal? – Schwäche und Krankheit

Es beginnt langsam und schleichend und kann längere Zeit für einige Heiterkeit sorgen. Schon Fünfzigjährige behaupten, dass sie »all das« kennen würden: Wortfindungsstörungen, Vergesslichkeit, und die Namen, oh Gott: Wie hieß doch die Autorin dieses viel gerühmten Buches, das man so gut fand? Peinlich auch, dass man den Inhalt des Films, den man gerade weiterempfohlen hat, nicht mehr erinnert – gerade jetzt ... aber später fällt es einem wieder ein. Man kennt das.

Ist man 68 oder 72 oder noch älter, dann sind die beschwichtigenden Behauptungen der Jüngeren (50!! – mein Gott, wie jung!) nicht beruhigend, sondern ärgerlich.

Man weiß und spürt, dass manches nicht mehr so leicht geht und viel ernsthafter gestört ist.

Es ist sowohl die geistige als auch die körperliche Schwäche, die langsam und stetig zunimmt. Natürlich hat wohl jeder ältere Mensch bei so manchem Aussetzer Angst, dass es diesmal »ernst« sein könnte – Alzheimer: Das ist wohl das schrecklichste Wort!

Bei jedem gibt es andere als bedrohlich empfundene Zeichen. So unterschiedlich wie die kognitive ist auch die körperliche Schwäche. Man kann vieles kompensieren; Altersforscher weisen darauf hin, dass man durch gezieltes Training schon in den jüngeren Jahren einiges aufhalten kann, sowohl die geistigen als auch die körperlichen

Schwächen. Nicht immer ist dies ein Trost, im Gegenteil: Man wird für die einsetzenden Schwächen auch noch verantwortlich gemacht. Hätte man nur regelmäßig Sport getrieben! Hätte man sich mehr Gedichte gemerkt! Hätte man sich die gelesenen Bücher aufgeschrieben ... hätte man, hätte man.

Dass die kognitiven Verluste durch einen größeren Weitblick aufgewogen werden (»Altersweisheit«), ist auch nicht immer ein Trost (stimmt es denn wirklich für die eigene Person? Und für den Partner?), denn gerade jetzt im Gespräch wüsste man eben gerne, welches Buch man gerade liest. Und es wäre schön, wenn man den festgeklebten Deckel des Marmeladenglases selbst auf bekäme und nicht den Ehemann bemühen müsste. Vom Computer ganz zu schweigen. Soll man den kleinen Enkel wirklich nochmals fragen, wie man Seitenzahlen einfügt?

Man merkt es kaum, aber es summiert sich. Auch die Müdigkeit nimmt zu – nun gut, wenn man schon in Pension oder Rente ist, kann man sie abfangen durch den Mittagsschlaf. Aber muss denn das sein? Früher war man fitter.

Das alles aber sind natürlich nur Kinkerlitzchen, wenn man selbst oder der Partner wirklich ernsthaft gebrechlich und krank wird. Ist der Altersunterschied zwischen den Partnern sehr groß, kann es dabei zu groben Beleidigungen kommen.

Leonie zum Beispiel, die zwölf Jahre jünger ist als Rudolf, war schon immer ungeduldig mit ihrem Mann. Der ist ein wenig verträumt (so nannte sie es in ihren guten Zeiten), ein Hobby-Maler, der seinen Beruf als Restaurator geliebt hat, aber dadurch nie reich wurde. Dieser Mann wird nun »verträumter« als je zuvor. Leonie benennt dies nicht mehr so freundlich. »Er verblödet«, zischelt sie ihren Freundinnen zu und ärgert sich jedes Mal, wenn er vergisst, die Müllsäcke herauszubringen oder beim Einkauf die Schnitzel mitzubringen. »Alles habe ich ihm aufgeschrieben – aber auf nichts kann ich mich verlassen.« Leonie arbeitet nach ihrem Berufsleben im Antiquitätenladen einer Freundin mit und bessert ihre Rente auf. Dass Rudolf oft wochenlang segeln geht (sein bester Freund lädt ihn ein), ärgert sie, obwohl sie wiederum sagt, sie sei froh, die kleine Wohnung für sich zu haben. Der Sohn hält sich raus. »Ach, Mama …«, sagt er nur ungeduldig, wenn sie klagt über die geringe Hilfe, die Rudolf im Haushalt bietet. Und dabei ist ihre Rente größer als die seinige und das kleine Taschengeld aus dem Laden hilft auch noch ganz gut. Da könnte er sich doch mehr Mühe geben!

Als Rudolf mit 82 Jahren einen kleinen Schlaganfall hat, erschrickt sie allerdings zutiefst. Nun kann sie ihm wirklich keine Vorwürfe mehr machen, darauf hat auch der Arzt hingewiesen, der die beiden gut kennt.

Und dabei ist alles noch relativ glimpflich ausgegangen: Rudolfs motorische Fähigkeiten haben sich schnell wieder verbessert, dass er nun einen Stock braucht, ist weiter nicht schlimm. Er ist aber schwächer und auch stiller geworden. Mit dem Segeln ist es vorbei, das trifft ihn sehr. Er ist weder vorwurfsvoll noch jammerig, aber er versinkt oft in sich selbst.

Und Leonie? Sie begreift nun, was es bedeutet, alt zu werden, gebrechlich und auch sterblich zu sein. Ihre große Lebendigkeit, ihre Kraft wird vielleicht auch nicht ewig halten – das spürt sie nun und es hilft ihr, Rudolf gegenüber geduldiger zu sein. Der Sohn hält sich nun nicht mehr raus: Er ist viel öfter da als früher, obwohl er selbst Familie hat. Er hilft, wo es geht. Rudolf kann nicht mehr Autofahren – der Sohn stellt sich oft zur Verfügung. Leonie ist darüber verblüfft. An dieser neuen Hilfsbereitschaft merkt sie, wie ernst es ist. Es kann sich nämlich, so urteilte der Arzt, wiederholen; es kann schlimmer werden.

Leonie gibt ihren Nebenjob auf, bleibt viel zu Hause und es sieht so aus, als versuche sie, etwas Schreckliches aufzuhalten. Denn Leonie hat nicht vergessen, wie sehr der Gedanke, Rudolf vielleicht verlieren zu müssen, sie entsetzt hat. Ein Leben ohne Rudolf, mit dem sie seit ihrem 19. Lebensjahr verbunden ist – undenkbar. Und doch realistisch. Leonie lernt Geduld. Natürlich, ein etwas aktiverer Mann würde vielleicht besser gegen die Krankheit ankämpfen, mehr Übungen machen, sich anstrengen. Aber – und hier hat Leonie wirklich dazu gelernt – er ist eben, wie er ist. Und mit dieser Art hat er auch viel Gutes in ihrer Ehe bewirkt. Er hat ihr wenig in den Weg gelegt, als sie sich plötzlich auf ihrem Selbstfindungskurs ausprobierte: Workshops zur Tantra-Meditation, eine Art »Ausbildung« zur Therapeutin (Rudolf hält es heimlich für blanken Unsinn, sich ohne Studium in diesem Bereich auszubilden), und dann sogar der Gedanke, sie müssten nun vegetarisch leben. Das alles hat ihn nicht davon abgehalten, Leonies frische und lebendige Art zu bewundern, ihre charmante Form, Gäste zu begrüßen und ihre Sorgfalt dem Sohn gegenüber. Leonie war ihr ganzes Eheleben lang »beschützt« gewesen. Sie konnte sich auf Rudolf verlassen, das hatte sie in dieser Weise gar nicht recht zur Kenntnis genommen. Er war zwar ein wenig verschusselt und eben »verträumt«, aber im Kern war er immer für sie da, mit unverbrüchlicher Treue – seit der Zeit, als er so sehr um die unverständige 19-Jährige gekämpft hatte, die dabei war, sich in ein Chaos von Alkohol und Drogen zu verstricken.

Dass die ältere Partnerschaft von Krankheit, Schwäche und Tod bedroht ist, gehört zum menschlichen Leben. Die heutzutage noch so jugendlichen Rentner lassen dies manchmal vergessen. Ihre vielen Reisen (vornehm mit Studiosus oder im einfacheren Stil mit Neckermann), ihre vielfältigen Hobbys und Interessen, manchmal auch noch weiterbestehende Arbeitszeiten (je nach Beruf) oder auch ehrenamtliche Tätigkeit – das alles lässt vergessen, dass es eben doch auch Bedrohungen gibt, die näher rücken. Auch die alten Paare vergessen dies oft, Gott sei Dank. Würde man immer nachrechnen, wie lange man noch – wenn's gut geht – einigermaßen rüstig sein wird, dann könnte man schon erschrecken. Vielleicht noch 20 Jahre? sagt man zum Beispiel und denkt daran, dass vor 20 Jahren gerade der erste Enkel geboren war und dass einem dies als gar nicht so lange her erscheint. Und außerdem: Wer garantiert gerade 20 Jahre? Es können auch zehn sein oder noch weniger ...

Herta (67), noch berufstätig, dachte nicht im Entferntesten an eine Gefahr. Zwar hatte sie vor einem Jahr ein Knie operieren lassen, aber das gehört ja heutzutage schon zur Routine, und dass sie nach dem Gelingen der OP wieder ihre alten Reisen in die Wüsten der Welt aufnehmen würden, war klar. Ludwig war zwar etwas älter (71), aber er war sowieso einer der »ewig Jungen«, sah stramm, schlank und blühend aus und hatte gerade wieder einen wichtigen Segelwettbewerb gewonnen. Es begann mit einer Vorsorgeuntersuchung, die Ludwig, pflichtbewusst wie er war, absolvierte. Als alter Sportler war er bedacht auf seinen Körper, und das hatte sich ja auch ausgezahlt. Das Schicksal aber machte keine Umwege: sofort ins Krankenhaus, Darmkrebs, OP. Die Aussichten waren nicht unbedingt rosig, allerdings auch nicht ganz katastrophal, wie die Ärzte versicherten. Dennoch konnten sie ihm nichts ersparen: Bestrahlung, OP, Chemotherapie, Nachsorge und immer wieder neue Untersuchungen, neue Chemotherapien. Das Leben war nun vollkommen auf den Kopf gestellt. Und Herta? Ihr immer fröhlicher, sehr männlich orientierter Ehemann veränderte sich plötzlich. Diesen nunmehr ängstlichen, verzagten und weinerlichen Mann kannte sie gar nicht. Sie erkannte aber, dass dies die Rückseite seiner betont »starken« Seite war und stellte sich darauf ein. Ludwig wurde weich, sogar zärtlich. Herta war überrascht und empfand plötzlich eine ganz andere Art von Gefühl für ihn. Wie viel Streit und Kälte hatte es oft gegeben, wenn Ludwig sich wieder einmal »gockelmäßig« benahm – nun nahm sie die Seite der Wärme und Dankbarkeit wahr. Trotz aller Sorgen erfüllte sie das mit Glück. Wie oft hatte sie an ihrer Ehe gezweifelt, wie oft war sie daran gewesen, alles aufzugeben! Und jetzt wurde klar, wie viel ihr Ludwig geben konnte, mit wie viel Dankbarkeit er an ihre früheren Jahre dachte. Als es ihm wieder besser ging, blieb der »weiche« Ludwig an ihrer Seite und wurde wieder fröhlicher, wenngleich doch sehr viel bedachter und reflektierter. Die Krankheit, die immer noch eine Bedrohung ist, trat zwar zurück, aber die Ehe hat, so denken beide, ihre erste »Härteprobe« bestanden. Dass noch einiges nachkommen kann, begreifen sie jetzt.

Grete hingegen, die noch immer ihrem früheren Leben, als Armin gesund war, nachtrauert, ist noch lange nicht so weit. Ihre Gedanken kreisen um die »Zerstörung« des Lebens. Es ist verständlich, sie hat sich gut aufgehoben gefühlt in ihrem schönen Heim mit den vielen interessanten Gästen und einem immer präsenten Ehemann. Nun will er nicht mehr viel wissen von den früheren Gemeinsamkeiten. Obwohl die beiden nun in einem recht eleganten Seniorenheim wohnen, findet Grete immer ein Haar in der Suppe. Das Essen sei ungesund, die Putzfrau schlampig und der Garten des Heims biete wenig Schatten. Bei jedem Einwand könnte man etwas dagegen halten – ihre Töchter tun dies auch häufig und ärgerlich. Aber es hilft nichts.

Volker, der als Pastor häufig mit seinen Gemeindemitgliedern über alle Arten von Not und Trübsal gesprochen hat, der häufig den »Sinn« von Leid, Krankheit und Tod beschworen hat, wird nun ganz plötzlich selbst betroffen. Eines Nachts erleidet seine Frau einen Schlaganfall mit schlimmen Folgen. Sie ist nun pflegebedürftig und nach Krankenhausaufenthalt und Reha ist auch klar, dass sie dies bleiben wird. Kleine Besserungen sind zwar noch immer möglich, aber die Ärzte schenken ihm reinen Wein ein. Irmhild wird halbseitig gelähmt bleiben und die Sprache wird trotz aller logopädischen Bemühungen auch nicht mehr so ganz zurückkehren. Volker findet viele helfende Hände in der Gemeinde, viele kennen sich aus und erklären sich bereit, Aufsichtsdienste oder die Essenszubereitung zu übernehmen. Volker ist zuerst sehr froh und dankbar. Er steht vor dem 65. Lebensjahr, ist also noch immer tätig. Dass Irmhild, einige Jahre älter, sich nun so rasch verändern könnte, hatte er nie in Erwägung gezogen. Sie war immer besonders flink, lebendig und aktiv gewesen. Einige Wochen lang ging alles gut. Die Helfer bewährten sich, aber natürlich musste Volker alles organisieren, den Alltag bewältigen. Die beiden Töchter wohnten in anderen Städten und waren wenig Hilfe. Volker konnte nun nicht mehr allen seinen Verpflichtungen, die ihm meist lieb gewesen waren, unbekümmert nachgehen. Alles war schwer; Volker fühlte sich immer bedrückter und die Sprüche vom »Sinn« des Leidens halfen gar nichts mehr. Wo sollte der »Sinn« liegen? Welcher Gott war es, der ihm diese »Prüfungen« schickte?

Eines Nachts, als er wieder einmal schlaflos lag, wurde ihm zu seiner Beschämung klar, dass er dies nicht ertragen wollte, diese Belastung. Er meldete Irmhild in einem Pflegeheim an, er ertrug ihren stummen, traurigen Blick – und war nach ihrem Wegzug natürlich alles andere als zufrieden. Ab und zu fragte er sich, was Irmhild an seiner Stelle getan hätte? Die Antwort war ziemlich klar.

Was ist der »Sinn« solcher durch altersbedingte Krankheit erzwungenen Umwälzungen des Lebens? Religiöse Menschen (aber wie man sieht hilft die Religion auch nicht unbedingt) könnten sich tatsächlich daran klammern, dass Gott damit irgendetwas »gemeint« haben könnte. Dieser Weg ist vielen Menschen heutzutage verschlossen; man glaubt nur mehr selten in solch naiver Weise daran, dass Gott sich höchstpersönlich einmischt in irdische Angelegenheiten. Es ist – wie in allen Sinnfragen – Sache der Menschen, sich einen Sinn zu suchen, Sinn zu geben.

Das kann die Einsicht sein, wie leicht die »starke« Seite eines Menschen zerbrechen kann, wie sich aber gerade dadurch neue Möglichkeiten des Beisammenseins ergeben. Oder man entdeckt durch die »andere Seite« eines kranken Menschen Neues an sich selbst.

Sich schwach fühlen, viele banale Seiten des Alltags als »mühsam« zu empfinden und dies zuzulassen ohne Grimm: Auch das kann ein Gewinn sein. »Lass dir doch um Himmels willen helfen«, sagt Fritz zu Elena, wenn sie mühsam die Treppen hinaufsteigt, weil ihre Arthrose ihr wieder einmal solche Schmerzen bereitet. Elena (72) hat zuerst immer unwirsch abgelehnt, sie war eine »Macherin« und stolz auf ihre Unabhängigkeit. Aber Fritz (74) half ihr gerne, ihm waren noch sehr viel mehr Kräfte geschenkt. Es war für ihn eigentlich selbstverständlich, seiner Frau beizustehen. Für Elena war die Erkenntnis, dass dies nun zu einer neuen Eheform führte, schwer zu ertragen. Irgendwann aber fühlte sie, dass dieser ewige Widerstand gegen seine Hilfe ihrer beider Lage verschlimmerte. Und irgendwann konnte sie zulassen, dass sich die Rollen geändert hatten, ja sie stimmte sogar dem Rollstuhl zu, der ihren Alltag erleichterte, weil damit alle Außenaktivitäten wie Spaziergänge oder Einkäufe einfacher waren.

Nach schweren gesundheitlichen Einbrüchen ändert sich der »Rahmen« einer Beziehung; die Rollen werden andere. Dies ist weder für den Kranken noch für denjenigen, der noch agiler ist, einfach. Man kann aber – dies erfordert seelische Kraft – den neuen Rahmen nicht nur akzeptieren, sondern sogar genießen lernen.

Die Übersiedlung ins Seniorenheim kann eine Erleichterung bedeuten. Man kann dort Neues erfahren und muss nicht unbedingt immer nur darüber stöhnen, dass man nur zwei Kochplatten hat und die Anbindung an die Stadt nicht günstig ist. »Klagen auf hohem Niveau« nennt Fritz dies, als die beiden, nachdem Elena fast ganz auf den Rollstuhl angewiesen ist, in einem schönen Heim am Rande der Stadt leben. Er ist immer zuversichtlich und Elena hat schließlich auch – etwas widerwillig – gelernt, das Beste aus der Situation zu machen. »Wir sind zusammen, wir können hier auch noch einiges unternehmen, wir haben sogar ein nettes Paar gefunden, mit dem wir schöne Stunden verbringen und – wichtig! – Doppelkopf spielen. Besuche bekommen wir auch immer wieder, allerdings hat sich das schon reduziert, aber so ist das halt« – so sagt Elena, die sich eigentlich schwerer tut als Fritz. Er findet die neue Situation insgesamt sehr erfreulich, allerdings war er nie so sehr auf Gesellschaft angewiesen wie Elena. Ihm hat seine Frau immer schon genügt, nachdem er im Berufsleben gezwungenermaßen dauernd mit vielerlei Menschen zu tun hatte.

Sich auf neue Situationen mit Neugier einlassen, auch wenn man über 70 ist, auch wenn die neue Situation als eine defizitäre angesehen wird: Das ist eine Kunst, die einem das Alter abverlangt. Eine Beziehung kann dadurch gewinnen – es kann aber auch eine Enttäuschung bedeuten, wenn der andere sich nun als so wenig härtebeständig erweist. Hier nun die Gewichte auszutarieren, andere Kompensationsmöglichkeiten zu entdecken: Das ist eine Aufgabe, die das Paar wieder neu leisten muss.

»Wir wollen gemeinsam alt werden« – dieser schöne Vorsatz aus jüngeren Jahren ist oft schwer einzulösen. Es kann heißen, sich auf einen ganz neuen Rahmen des Lebens einzustellen, den Partner anders zu erleben, und dies kann viele Irritationen erzeugen.

Es gilt aber auch, in abgeschwächter Form, schon für die kleinen Altersschwächen, die in den Jahren des »jungen Alters« auftreten. Der eine mag nicht mehr so oft ausgehen; die andere vergisst dauernd etwas; er macht gröbere Fehler beim Autofahren; sie ist häufig müde; er mag keine langen Reisen mehr machen – all das verändert das Leben. Wie weit soll der jeweils andere dagegen halten? Ist es sinnvoll, das alte Leben so lange wie möglich weiter zu führen? Wie sieht der Übergang aus?

Bei manchen Paaren verändert sich das Alltagsleben ganz allmählich und ohne großes Leid. Sind die Bedürfnisse aber allzu unterschiedlich, dann gibt es dauernde Zwistigkeiten.

»Wir haben doch immer gesagt, dass wir ohne unsere Segelleidenschaft schnell verblöden würden«, klagt Werner, als Ilse sich nun nicht mehr wochenlang auf See begeben will. »Du hast es versprochen – und du bist doch noch ganz fit – was soll das also?« Ja, Ilse ist wirklich noch immer sportlich schlank und kräftig und mit ihren 67 Jahren erstaunlich jugendlich. Sie merkt aber, dass ihr das Segeln nicht mehr den richtigen Spaß macht, dass sie sich am Abend oft sehr müde fühlt, und – das ist das Schwierigste – dass sie manchmal plötzlich Angst bekommt, wenn das Wetter umschlägt. Kurze Touren ja, aber nicht diese langen Wochen auf See. »Ich denke, wir müssen unseren Vertrag ändern«, sagt sie einmal, als es ihr wirklich nicht gut geht auf dem Schiff, das beide doch so geliebt hatten. »Die Bedingungen haben sich geändert.«

Ja, so kann man es auch ausdrücken: Durch das Alter mit seinen vielerlei Schwächen ändern sich die »Vertragsbedingungen« – und das muss nicht nur eine Notlösung sein. Nach langen Diskussionen haben sich Ilse und Werner darauf geeinigt, dass gemeinsame Touren jetzt kürzer sind, dass Werner aber mit seinem Freund Jakob alleine segeln soll, wenn er längere Touren machen will. Das ließe sich organisieren.

Warum ist dieses »Sich-fallen-Lassen«, diese Anpassung an neue Situationen oft so schwierig?

Viele Menschen einer modernen Zeit empfinden eine Einschränkung ihrer Autonomie, ein »Langsamer-Werden« als einen peinlichen Rückschritt. Nicht nur natürlicherweise, sondern auch durch die Normen moderner Gesellschaften wird uns von Kindheit an das Gesetz der Effizienz und Leistung als ein hohes Gut vor Augen geführt. Unsere natürliche Hinfälligkeit mit dem Verlust an Effizienz gilt als ein Rückschritt, der durch nichts kompensiert werden kann. Die spirituelle Dimension, der sich die Alten in vormodernen Gesellschaften oft annäherten, gilt als eher seltsam. Religiöse Alte, die plötzlich mit dem Pfarrer guten Kontakt haben? Das kommt vielen lächerlich vor! Großmütter und Urgroßmütter, die stundenlang Märchen erzählen, werden von DVDs sehr wirksam abgelöst. So zeigt sich an allen Ecken und Enden, dass die Besinnlichkeit und die Langsamkeit, die ja auch ein wertvolles Gut darstellen können, meist nicht mehr sehr gefragt sind. Überall gibt es natürlich Ausnahmen, und die geistig aktive Großmutter, die mit den Enkeln skypt, kann man immer öfters antreffen.

Trotzdem: Das höhere Alter mit seinen Gebrechen und Schwächen erfordert eine neue Kreativität in der Lebensgestaltung. »Das Defizit zum Prinzip erheben«, erklärte mir der Ehemann einer körperlich sehr unbeweglichen Frau, die den neuen Treppenlift als eine Bereicherung ansah und ihn mit Begeisterung sogar öfter als notwendig benutzte. Sogar die neue Perücke, die eine Freundin sich vor der Chemotherapie anschaffte (da war sie 69), erwies sich für die immer schon lebenslustige Frau als ein Vergnügen. »Sie ist viel schöner als meine Haare«, sagte sie lachend, als sie mir die neue Anschaffung vorführte, »vielleicht sollte ich sie auch nach der Chemo behalten.« Das war Galgenhumor, aber ein klein wenig schimmerte doch auch die alte Freude an Neuem durch. Ihr Mann, so erinnere ich mich, hatte stumm lächelnd und ein wenig gerührt dabei gestanden.

Nicht jedem gelingt es, sich auf neue Situationen in solch souveräner Art einzustellen. Die immer wiederkehrenden Anfälle von Altersdepression seiner Frau konnte Günter nur mit Hilfe einer kürzeren psychologischen Beratung leichter nehmen und schließlich auch einbauen in das neue Konzept seiner Ehe. Er wurde so leicht wütend, wenn Margit wieder einmal am Morgen nicht aufstehen wollte, ihren nahen Tod beschwor und Einladungen eine halbe Stunde, bevor sie gehen wollten, absagte. Heute hat Günter ein neues Konzept: Er nimmt sich mehr Distanz, er kann auch alleine die Freunde besuchen, und er kann vor allem akzeptieren, dass die Anfälle von Lustlosigkeit und Apathie, die trotz Psychopharmaka immer wiederkehren, nicht bösem Willen geschuldet sind. Wenn seine Frau sich gut fühlt, ist es wie immer: freundlich, gemütlich und sehr oft heiter. Aber er weiß nun, dass dies immer wieder wegbrechen kann. Er versteht dank professioneller Hilfe auch, dass seine Frau im »Untergrund« schon früher solche Stimmungen hatte, dass sie dies aber durch ihre großen beruflichen Aktivitäten als Rektorin eines Gymnasiums kaschieren konnte. Ohne ihren Beruf bricht die schwelende Neigung zur Depression immer wieder durch. Eine Therapie hat sie davon nicht befreit – auch dies hat Günter zuerst für eine Art bösen Willen und Trotz gehalten, wo er doch so viel von seiner eigenen Therapeutin profitiert hatte. Er nimmt es nun hin, er hat einen etwas geänderten Rahmen ihrer Gemeinsamkeit akzeptiert und freut sich an den guten Zeiten. Wenn es Margit gut geht (was Gott sei Dank öfters der Fall ist), spricht sie über Günters Verhalten voll Dankbarkeit: »Er nimmt mich, wie ich bin«, sagt sie öfters. »Jetzt weiß ich, dass er mich wirklich liebt, denn ich bin nicht immer angenehm.«

»Hast du denn deine Frau noch geliebt?«, fragte ich einmal einen guten Freund. Sie hatte jahrelang schwerstbehindert im Bett gelegen, konnte weder sprechen noch gut hören und war praktisch gelähmt. Er hatte sie bis zuletzt gepflegt. Seine Antwort berührte mich sehr, weil sie so selbstverständlich herauskam: »Aber natürlich – sie ist doch derselbe Mensch geblieben.«

Wenn man von der größeren Fähigkeit alter Menschen spricht, einen weiten Überblick zu bekommen (auch wenn Kleinigkeiten vergessen werden), dann meint man natürlich nicht nur etwaige große Einsichten über den Zusammenhang von Krieg und Frieden oder über das Auf und Ab des Kulturbetriebes und Ähnliches. Die Altersweisheit der meisten Menschen kann darin bestehen, dass die großen und schmerzlichen Veränderungen des Alltagslebens innerlich durchleuchtet und dann auch akzeptiert werden. Schwäche und Krankheit bei sich selbst und beim Partner sind in diesem von »Altersweisheit« begleiteten Prozess des Akzeptierens von zentraler Bedeutung.

Die viel zitierte »Würde des Menschen« beweist sich vor allem im Detail des Alltags.

Muss ich denn alles alleine machen? – Hilfe und Fürsorge

Wenn das Berufsleben abrupt oder langsam zu Ende geht, wird es in vielen Partnerschaften nötig, sozusagen einen »neuen Vertrag« zu schließen, der die Pflichten im Alltag betrifft. Dazu gehört oft vieles, das bisher unbemerkt gelaufen ist. So banal es klingt: Die Frage, wer einkauft, kocht, Theaterkarten bestellt oder endlich den Klempner anruft, muss neu verhandelt werden, wenn sich das gesamte Lebensgefüge ändert.

Die Klagen vieler Frauen der vorigen Generation, deren Ehemänner in Rente gingen, hallen noch nach: »Was soll ich nur mit ihm machen, er steht mir nur im Weg herum.« Nun haben sich die Zeiten geändert. Viele der jetzt 60- bis 80-Jährigen haben nicht mehr in der üblichen Arbeitsteilung gelebt; beide waren berufstätig, beide hören – meist nacheinander – auf zu arbeiten. Das aber heißt auch für beide, dass man jetzt neu überlegen muss. In den allermeisten Fällen allerdings waren es die Frauen, die im Beruf kürzer getreten sind und noch immer (dazu haben wir eine Menge an Statistiken) mehr im Haushalt arbeiten. Sie bemühen sich mehr um Kinder und Enkel und leisten meist auch die »Emotionsarbeit« (ein schrecklicher Begriff); das heißt, sie bemühen sich um den Freundeskreis.

Hier sind es vor allem die Männer, die nun gefordert sind. Natürlich, so denken die meisten, muss nun »ausgeglichen« werden. ER muss mehr als bisher an häuslichen

Pflichten übernehmen, SIE wird nun viel mehr Zeit haben für Hobbys und Freunde. Ist das machbar, welche nicht nur äußerlichen Umstrukturierungen ergibt das?

Es klingt sehr simpel. Bestimmte Pflichten werden einfach aufgeteilt, etwa: Sie kocht, er kauft ein, sie sorgt für »Kultur«, er für die handwerklichen Dinge etc. So weit, so konventionell, so gut! Man kann das sogar schriftlich festlegen. In bestimmten Paarberatungen wird sogar darauf gedrungen. Oft klappt es trotzdem nicht. Warum nicht? Vermutlich deshalb, weil es das Innere des Paarlebens nicht einbezieht.

Was bedeutet ein neuer Vertrag aber für die innere Organisation des Paarlebens? Für manche, meist eher konservative Menschen, ist eine solche Aufteilung der Pflichten etwas, was gegen fest gezimmerte alte Rollenbilder verstößt. Mann mit Kochschürze? Mit Besen in der Hand? Man schämt sich irgendwie. Man erklärt sich, wenn Freunde kommen. Die meisten finden das »toll«, leider erklären die Frauen dann, dass es doch nicht so gut funktioniert bei ihnen daheim.

Oft wird man vom alten Rollenbild trotz guter Vorsätze bald wieder eingeholt. Die Grenzen verwischen sich. Klar, er weiß, wie der Boiler funktioniert, aber das Kochen? Sie kann das doch sehr viel besser. Und dann ist es doch auch praktischer, wenn sie einkauft, er bringt doch immer wieder die falschen Sachen nach Hause. Dies ist der Punkt, an dem – im konservativen Kreis – auch die Frau anfängt, wieder am alten Bild zu strichaln. Ja, er kann das nicht, er stellt sich – vielleicht bewusst? – blöd an. Und dann macht sie es lieber alleine, sie kann es einfach besser. Für ihn ist es so auch praktischer, denkt man. Es hat aber seinen Preis. »Sie« dominiert nun, sie ärgert sich. Sie beklagt sich. Und auch sie wird nun leichter müde, die Hausarbeit ist jetzt doch anstrengender als früher und die Betreuung von Enkeln erst recht! Es gibt also eine ganze Fülle von Streitmöglichkeiten.

Es gibt vernünftige Lösungen, klar. Man kann tatsächlich ruhig besprechen, in welchen Pflichten man sich ablösen kann, wo man gemeinsam etwas macht und wo man auf die gut geübten Kompetenzen des anderen zurückgreifen kann. Man kann auch überlegen, wo der jeweils andere noch etwas »dazulernen« kann. Das ist bei Männern sehr oft das Kochen, das ja auch wirklich Spaß macht.

Nicht bei allen Paaren dieser Altersstufe sind solch alte Muster noch lebendig. Viele haben im Laufe der 70er Jahre, als so viel gesellschaftliches Umdenken stattgefunden hat, umgelernt. Manche mehr, manche weniger. Aber der staubsaugende Mann, der wickelnde Vater waren auch zu ihren jungen oder halbwegs jungen Jahren schon ein Anblick, der kein spöttisches Lächeln mehr erzeugte. Ja, es gab sogar schon Normen, die das verlangten – je nach sozialem Umfeld.

Das ist also nichts mehr, was auf jeden Fall Unbehagen verursacht. Die Schwierigkeiten liegen in der alltäglichen Realisierung der geteilten Pflichten; sie liegen, wie bei jedem Team-Projekt, an den Absprachen, an den jeweils einzuhaltenden Regeln. Hier wird die Partnerschaft wirklich zu einer »Arbeit«, und man sollte vielleicht in diesen Belangen in Vernunftkategorien denken wie bei der Berufsarbeit.

Es hat nämlich nicht unbedingt mit mangelnder Liebe zu tun, wenn man(n) immer nur Eintopf macht, wenn man »dran« ist. Es heißt einfach, dass er seine Aufgabe nicht ernst genug nimmt und sich noch nicht klar gemacht hat, welchen Stellenwert abwechslungsreiches Essen in der Paarbeziehung hat. (Das gilt natürlich nicht für jede Ehe, manchen war das Essen schon immer egal, wenn man nur satt wurde.) Er muss also »eingewiesen« werden in seine Pflichten, so wie man einen Azubi einweist.

Natürlich hört aber die Parallele zur Arbeitswelt dann auch wieder auf. Jeder, der in einer Partnerschaft lebt, weiß nämlich, wie sehr dieses »Einweisen« schief gehen kann. Dies wird dann auf der intimen Beziehungsebene abgehandelt, und dass hier andere Regeln gelten, ist klar.

Die Neuverteilung von Pflichten im Alltag birgt also bei noch so viel Vernunft erhebliches Streitpotential in sich, sorgt für Ärger und für ein dumpfes Gefühl, man werde »übervorteilt« oder ausgenützt. Es ist unmöglich, hier »gerecht« zu urteilen, weil der innere Aufwand, der eine Neu-Organisation für den Einzelnen bedeutet, schlecht zu messen ist.

Max zum Beispiel hat sich schon seit langem darauf gefreut, in seiner Pensionszeit die vielen Museen seiner Stadt besuchen zu können. Dass Hanna ihm jetzt an drei Tagen in der Woche den Abholdienst für die Enkelkinder aufgebürdet hat, ist ihm sehr lästig. »Das sind sechs bis acht Stunden wöchentlich«, sagt Hanna böse, als er das verweigert, »sechs bis acht Stunden, die du für die Enkelkinder von deiner vielen freien Zeit hergibst!« Max hat keine rechten Gegengründe, er weiß nur, dass ihm das alles gegen den Strich geht, weil er sich sein Pensionistenleben eben ganz frei vorgestellt hat. Hanna, die früher in Rente gegangen ist, hat doch auch alles alleine geschafft – und jetzt soll er ganze drei Tage »hergeben«, denn für Max bedeutet die Durchbrechung des Tages durch den Abholdienst, dass der ganze Tag verloren ist. Das klingt natürlich nach sehr viel

Egoismus – aber in Max' Kalkulation heißt dies, dass er eigentlich »zu gar nichts mehr« kommt. Es wird schwer sein, dies in »vernünftigen« Gesprächen abzuhandeln. Was darunter liegt, sind sehr unterschiedliche Vorstellungen davon, wie das Leben nach dem Beruf aussehen soll, was Zeiteinteilung bedeutet und was man unter »Freiheit« versteht. Es ist zu vermuten, dass unter diesem Problem der »ungerechten« Pflichtenverteilung auch anderes steckt: bei Max zum Beispiel das Gefühl, dass er nur der Familie wegen im ungeliebten Beruf als Jurist im Verwaltungsdienst geblieben ist. Jetzt, da die große Freiheit beginnen sollte, muss er schon wieder einen Mühlstein hinter sich herschleppen. Hanna andererseits ist froh, dass nun das ewige Klagen über die Berufslast aufhören wird und sieht in Max' schlechter Laune wegen des Enkel-Fahrdienstes nichts als einen Beweis für Max' allgemein trübsinnige Einstellung zum Leben. Damit können sich Paare auch im Alter noch das Leben schwer machen, wenn sie nicht eine gründliche Revision ihrer Vorstellungen vom nachberuflichen Leben im Alltag vornehmen.

Diese Revision kann innerlich vor sich gehen oder im Gespräch. Das Gefühl, »immer der Dumme« zu sein, bedarf gründlicher Überlegungen. Vielleicht hat man sich (Frauen tun dies meiner Erfahrung nach öfter als Männer) immer »angeboten«, übervorteilt zu werden? Plötzlich wird etwas »gefordert«, was ganz neu ist – damit kann man den Partner auch überfordern. Das alles auf seine Wurzeln hin zu analysieren, mag manchem helfen. Man kann aber natürlich, und auch dies ist vernünftig, sich abfinden mit der »Ungerechtigkeit«, weil man die Person des Partners (der Partnerin) so gut kennt, dass man weiß: Eine Veränderung würde sozusagen »ins Mark« treffen und nicht wieder gut zu machende Schäden in der Beziehung hinterlassen. Max, der seinen Interessen für Kunst nicht mehr ungehindert nachgehen kann, wäre eben nicht mehr der alte Max, dem die Familie wirklich wunderbare Kunstreisen verdankt und der auch Hanna das »Sehen« beigebracht hat. Hanna, wenn sie ins Grübeln kommt, sieht durchaus, dass ihr Leben mit den Freunden ganz stark bestimmt war von Max' Kenntnissen und Interessen – die »Führungen«, die Max immer wieder angeboten hat, waren, das sagen alle, viel besser als alle offiziellen Führungen. Und als Hanna das alles mit ihrer Freundin durchgesprochen hat, gleicht sich für sie vieles aus. Sie sieht zu, dass Max nur zwei Mal die Enkelkinder abholt, und davon ist ein Tag der Montag, an dem die meisten Museen geschlossen sind. Die anderen Arbeiten macht sie gerne alleine, weil sie sowieso »alles besser« kann. Das ist nicht unbedingt die vollgültige Lösung eines tief liegenden Problems, aber es ist eine lebbare Lösung. Hanna und Max beziehen – nie klar ausgesprochen, aber eben doch wirksam – ein, dass man alte Streitthemen ruhen lassen sollte, weil man zum Beispiel nicht wissen kann, ob der Brustkrebs, den Hanna vor sieben Jahren hatte, nicht doch noch einmal metastasiert. Wenn die beiden, die sich ja sehr gerne haben, das bedenken, wird alles andere unwichtig.

Die Schwierigkeit der nachberuflichen Alltagsordnung wird groß, wenn einer der beiden krank oder einfach schwächer wird. Ist Staubsaugen für Annegret wirklich eine solch große Anstrengung, weil sie diese müde machenden Medikamente nehmen muss, oder ist sie einfach bequemer geworden? Ist Jochens Gedächtnis wirklich altersbedingt so schwach, dass er sich nie merken kann, wer während Luises Abwesenheit angerufen hat? Bei Dingen, die ihn interessieren, merkt er sich doch alles noch recht gut? Erst unlängst hat er zur Begeisterung der Anwesenden eine halbe Stunde lang über ein neues Buch über Globalisierung referiert. All das sorgt für Irritation und braucht wiederum eine ganze Menge an »Innenarbeit«, um damit fertig zu werden, dass nunmehr die Alltagskompetenzen anders aussehen als in jüngeren Tagen.

»Er schläft den halben Tag« – die ewige Klage einer Frau, die 20 Jahre jünger ist als ihr 80-jähriger Mann. Warum, so fragt manch anderer Alter, soll er das nicht? »Ich wäre froh, wenn meiner das täte«, sagt die Freundin, der die Ansprüche ihres gleichaltrigen Mannes zu viel sind. Er sei ihr »zu lebendig«, meint sie.

Die Jüngere muss nun, nachdem sie viele Jahre die Vorzüge genossen hat, die ein älterer Partner auch bieten kann, umdenken. Ihre Ehe kann nun nicht mehr davon leben, dass er ein solch interessanter Gesprächspartner ist. Das war einmal. Nun verkehren sich die Rollen, sie ist es nun, die für ein wenig mehr Lebendigkeit in der Ehe sorgen muss. Immer wieder zu rufen »Schlaf doch nicht schon wieder!« tut keinem gut.

Noch viel krasser verkehren sich die Rollen, wenn eine ernsthafte Krankheit sich ins Leben mischt. Das wirft das Lebensgefüge völlig durcheinander, verkehrt Pflichten und erfordert viele Überlegungen, wann und wer zur Hilfe gerufen werden kann. Da die eigenen Kinder nicht immer helfen können (sie sind zu weit weg oder man hat nur ein oder zwei Kinder), muss möglichst schonend für Fremdhilfe gesorgt werden. Auch hier gerät der altvertraute Tagesablauf durcheinander. Zwischen »zu viel« Pflege und »zu wenig« muss genau austariert werden. Ich erinnere mich an die krebskranke Mutter einer Freundin, die mir einmal sagte, sie empfinde die Hilfe ihrer Tochter als geradezu ideal. »Ich habe nie das Gefühl, dass ich zu nichts mehr zu gebrauchen bin, weil sie mir immer noch etwas zutraut, aber wenn ich wirklich nicht kann, dann ist sie zur Stelle.«

Die sehr kultivierte Frau eines Mannes, der das Kulturleben selbst bereichert hatte, erzählte mir, wie furchtbar es für sie anfangs gewesen sei, dass ihr Mann sie immer wieder dieselben Dinge gefragt habe, immer mehr wichtige Namen vergessen habe. Darauf habe sie immer ungeduldiger und, wie sie meinte, sogar oft bösartig reagiert. Irgendwann sei ihr aber dann sonnenklar gewesen, dass er wohl an der Alzheimer-Krankheit leide – und da sei es ihr eigentlich besser gegangen, trotz aller Tragik. Sie habe nun einen anderen »Rahmen« gefunden für ihr Leben. Er habe nun nicht mehr für sie sorgen können, habe Verpflichtungen nicht nachkommen können. So habe sie angefangen, sich Hilfen zu organisieren.

Einen »neuen Rahmen« finden für das Leben: Das ist bei Krankheit und Schwäche wohl das Wichtigste. Der Alltag wird nie mehr in der gleichen Weise gemeistert werden wie in jüngeren Jahren – aber das ist zu ertragen, wenn man nicht noch lange dem Alten nachtrauert.

Ist dies nur eine Abwärts-Bewegung?

Man kann es so sehen, aber man kann auch die Chancen entdecken, die in diesem neuen »Rahmen« liegen. Was könnten die Chancen sein? Ganz allgemein gesagt: Es ist für viele Menschen unseres Kulturkreises, die ja oft unter dem Motto des »Immer-besser-immer-höher« gestanden haben, eine Entdeckung, dass man auch ohne dieses Denken auskommen kann. Sich nicht mehr kaputt zu machen, sondern Hilfe anzunehmen: Auch das ergibt neue Möglichkeiten, über sich und die Welt nachzudenken oder nachzufühlen. Das fällt im Bereich des eigenen Heims Frauen oft schwerer als Männern. Diese wiederum haben nicht dasselbe Erfolgsgefühl, wenn sie einen guten Auflauf gemacht haben, als wenn sie in einer Sitzung den Kontrahenten an die Wand geredet haben. Für Männer ist dieses Zurückstecken, Sich-Bescheiden auf die eigenen vier Wände etwas, das sie trübsinnig machen kann – wenn sie nicht imstande sind, auch in den wenig spektakulären Bereichen Befriedigung zu finden.

Sich selbst zurücknehmen, sich mit den »kleinen« Dingen zufrieden geben, diese erst als ernst zu nehmende Pflichten zu entdecken: Das ist eine Kunst, die man im Alter lernen muss, um nicht zu verbittern im Kampf um die verloren geglaubte Würde.

Es ist aber eben auch eine neue Chance für das Paarleben: Man kann den Weg des »Kleiner-Werdens« gemeinsam gehen, mit Humor gemeinsam nachdenklicher werden, und – ganz wichtig – dem jeweils anderen immer wieder zeigen, dass man seine Bemühungen um eine Neuordnung auch wirklich anerkennt. Es ist nicht selbstverständlich, dass sie für Konzertkarten gesorgt hat, indem sie den halben Vormittag im Internet verbracht hat. Es ist auch nicht selbstverständlich, dass er den Balkontisch ganz liebevoll mit Blumen gedeckt hat und Ähnliches mehr. Je nach Milieu kann man sich auch gemeinsam darüber lustig machen, dass man nun auf solch schlichte Dinge zurückgreifen muss, wo man doch früher Referatsleiter in einer großen Behörde war oder als Kinderärztin von den Dorfbewohnern ehrfürchtig gegrüßt wurde.

Oft gehört zur Neuordnung des Lebens auch eine neue Wohnung, meist eine kleinere, vielleicht auch eine bescheidenere. Man will nun sein Geld nicht nur in die Wohnung stecken oder keuchend vier Treppen ohne Lift steigen. Auch die neue Wohnung mit allen Abstrichen, die man dabei macht (am schwierigsten: Wohin mit den Büchern?), kann neue Anregungen geben. Auch hier ergeben sich neue Verpflichtungen.

Josepha ist zum Beispiel heilfroh, dass sie nun nicht mehr die langen Wege von der Küche ins Wohnzimmer und vom Schlafzimmer ins Bad machen muss. Die alte Wohnung war elegant, aber auch schon sehr verwohnt – man hätte allzu viel Geld hineinstecken müssen. Die kleine Drei-Zimmer-Wohnung jetzt ist ideal. Dass Lukas das Wohnzimmer mit Büchern vollgestopft hat, so dass Josepha ihre Malutensilien nun nur mehr in einem kleinen Eck des Raumes aufbewahren kann, nimmt sie hin, weil sie weiß, dass Lukas ohne seine Bücher unglücklich wäre. Sie muss nun allerdings ganz andere Prioritäten setzen beim Aufräumen. Lukas, der alles herumliegen lässt, hatte früher sein eigenes Zimmer gehabt; dort hatte sie alles gelassen, wie es war. Jetzt muss sie Lukas dauernd bitten aufzuräumen. Die kleine Wohnung hat ansonsten viele Vorteile: eine lebendige Nachbarschaft, der Supermarkt um die Ecke, und ein chinesisches Restaurant, das Josephas vegetarischer Ernährung die allerbesten Möglichkeiten bietet und das sie jetzt mit Lukas oft aufsucht. Früher wären sie nie auf die Idee gekommen, essen zu gehen: die Kinder, das Geld, längere Wege – und was eben alles gegen ein Essen im Restaurant sprechen kann. Nun aber gehört »unser Chinese«, mit dem die kontaktfreudige Josepha auch gleich Freundschaft geschlossen hat, zu ihrem Alltag.

Beide haben richtig Freude daran, sich solche Auszeiten zu gönnen. Lukas ist gar kein Freund des Kochens und drückt sich gerne darum, deswegen freut er sich, Josepha oft »einzuladen«. Das ist seine Form der »Hilfe«.

Neue Lebensgewohnheiten, neue Chancen – selbst wenn es im Lichte früherer Umstände wie ein Zurück-Kriechen aussieht. Auch die Regression gehört zum Leben und kann zu einer neuen Lebensform führen. Und diese muss nicht schlechter sein. Dass man auch aus »geschrumpften Verhältnissen« viel machen kann, dazu bedarf es nicht viel mehr als eines lebendigen Geistes.

Wohin mit Mama? –
Die uralten Eltern

Die gestiegene Lebenserwartung bringt es mit sich, dass bei vielen älteren Paaren noch der eine oder andere hochbetagte Elternteil am Leben ist. Dies bedeutet einerseits oft Freude und Stolz für die »Kinder«, aber immer häufiger wird es auch ein Problem für sie. Meist sind es ja die Mütter, die sehr lange leben und jedes Jahr mehr an Fürsorge und Pflege nötig haben. Dies fällt für manches Paar in die Zeit, in der sie selbst schon schwächer sind oder gerne mehr freie Zeit hätten. Wie soll man jetzt, da man selbst schon alt, aber noch nicht gebrechlich ist, sich arrangieren? Wer ist zuständig? Beide zu gleichen Teilen? Oder – wie sehr oft – nur die Ehefrau?

Muss Mutter nicht doch jetzt ins Altersheim? Wie oft geht man sie besuchen? Wie kann man sie überreden, den Sozialdienst in die Wohnung zu lassen? Wie viel muss man selbst übernehmen? Und vor allem: Wer macht das? Die Schwiegermutter zu pflegen, ist meist lästiger als dieselben Dienste an der eigenen Mutter zu tun.

Nicht jedes Paar ist so opferbereit wie Susanne und Ede. Sie gaben der 85-Jährigen schon damals, als sie sich das Hüftgelenk gebrochen hatte und beide noch berufstätig waren, das Versprechen, sie nie, nie in ein Heim zu geben. Dieses Versprechen haben sie auch gehalten. Ama war Edes Mutter, aber auch Susanne hat dieses Versprechen sehr ernst genommen. Ama wurde nach dem Bruch nie mehr so beweglich wie früher, als sie die vielköpfige Familie immer wieder zum Essen eingeladen hatte und Weihnachtsfeiern ausrichtete. Es gab einen kleinen »Zwischenstopp«, als Susanne und Ede umzogen, da nahm die ältere Schwester die Mutter in ihr Haus. Als Ede und Susanne sich entsprechend eingerichtet hatten, bekam Ama ein eigenes Zimmer und lebte mit ihnen.

Die beiden waren in ihrem Berufsleben im sozialen Bereich tätig gewesen und hatten klare Vorstellungen davon, wie ein sehr alter Mensch seine Würde behalten konnte. Ama war damals schon über 90 und konnte sich nur mehr im Rollstuhl bewegen lassen, später wurde sie ganz bettlägerig. Der Sozialdienst kam zweimal am Tag für die Körperpflege, die übrige Zeit war sie Susanne und Ede überlassen.

Es wurde ein »Programm« überlegt. Auf jeden Fall sollte Ama am Morgen und am Mittag mit ihrem Rollstuhl an den Esstisch geschoben werden, die Abende aber sollten dem Paar alleine gehören – eine sehr vernünftige Überlegung. Nachdem der abendliche Sozialdienst gekommen war und Ama gegessen hatte, war der Abend »frei«. Die beiden organisierten auch »Old-Lady-Sitter«, wie sie das nannten, damit sie ab und zu ausgehen konnten. Zu diesem Dienst war immer eines der Geschwister bereit, allerdings musste gut überlegt und lange vorher organisiert werden.

Damit aber nicht genug: Ama sollte auf ihre Weise auch aktiviert und unterhalten werden. Da Ama aus ihrer Jugendzeit viele Gedichte auswendig konnte (die waren nicht verloren gegangen – noch nicht!), ermunterte Ede sie immer wieder, diese zu präsentieren. Ama freute sich darüber, hatte sie doch immer schon gerne gelesen und rezitiert und ihre fünf Kinder damit erheitert. Es wurde zum Ritual nach dem Kaffeetrinken: Man durfte sich ein Gedicht wünschen; auch gute Freunde, die vorbeikamen, durften das. Ede aber probierte noch mehr: Ama sollte mit ihm gemeinsam neue kleine Gedichte lernen. Ama sträubte sich zuerst. Aber im »Duett« mit Ede (der übrigens immer ihr Lieblingssohn gewesen war) gelang dies ganz gut. Ede suchte einige Gedichte heraus, die auch Ama gefielen; natürlich mussten sie sich reimen, das ging leichter. Sicher hat dies dazu beigetragen, dass Ama, obgleich auch geistig hinfälliger, doch immer noch teilnahm am Geschehen und sich erst in den allerletzten Monaten in sich zurückzog. Solange es noch möglich war, gab es auch ein »Turnprogramm«. Das hatte Susanne sich von der Physiotherapeutin zeigen lassen, und auch wenn Ama sich zuerst zierte – schließlich wurde sie von den beiden überredet, die kleinen Übungen mitzumachen. All dies geschah regelmäßig und wie selbstverständlich.

Die Lieblings-DVDs – meist Musicals – waren natürlich beim Umzug mitgekommen, und auch wenn Ede und Susanne manchmal genervt waren: Das »Weiße Rössl« oder die »Mädchenjahre einer Königin« sorgten dafür, dass Ama sich wohlfühlte.

Nun gut, Ede war der Lieblingssohn, er hatte immer sehr an seiner Mutter gehangen. Aber wie stand es um Susanne? Wurden ihre Bemühungen auch mit diesem glücklich-dankbaren Lächeln belohnt?

Ganz und gar nicht! Susanne war keine sehr geliebte Schwiegertochter. Sie war die zweite Frau nach einer kurzen gescheiterten ersten Jugend-Ehe von Ede, und obwohl sie nun schon 40 Jahre verheiratet waren, hatte Ama noch immer ab und zu mal von der ersten Frau als »Edes Frau« gesprochen. Susanne ärgerte sich in ihren frühen Jahren sehr darüber, die Beziehung war nicht gerade herzlich. Auch jetzt, im hohen Alter, kam bei Ama das alte Ressentiment hervor: »Warum hat Ede keine Zeit?«, konnte sie übellaunig fragen, wenn Susanne mit ihr das Turnprogramm durchzog oder sich zu ihr setzte, wenn sie »Kiss me Kate« schaute. Es gab Tage, an denen sie nur mit Ede sprach und so tat, als sei Susanne nicht anwesend.

Es gab aber auch Tage, an denen sich das ändern konnte. Da war sie vergnügt, erzählte Susanne viel über ihren verstorbenen Ehemann und sogar kleine Geheimnisse (die der Familie übrigens wohlbekannt waren) wie eine Liebschaft ihres Ehemannes während des Krieges.

Ama war also, bei allen guten Eigenschaften, die sie durchaus hatte, nicht ganz einfach. Und Susanne? – Es klingt, als sei sie engelhaft gütig, wenn sie all dies ertrug.

Nein, das war Susanne nicht. Aber Susanne hatte bei ihrer eigenen sehr früh hinfälligen Mutter erlebt, dass Ede die Sorge und Pflege ebenfalls mitgetragen hatte, das machte es einfacher, ihm jetzt »zurückzugeben«, was er ihr damals gegeben hatte. Und außerdem war Ede jederzeit auf ihrer Seite: Sie konnte sich bei ihm beklagen, sie konnten gemeinsam lachen über die immer größer werdenden Schrulligkeiten der Mutter, und wenn Ede irgendeine abfällige Bemerkung seiner Mutter hörte, konnte er sehr streng werden. Da war er dann gar nicht mehr der »liebste Sohn«. Das tat der Mutter gar nicht schlecht. Am Ende ihres Lebens, als sie nur noch im Bett lag und von Gedichten und Turnübungen und sogar von den »Mädchenjahren einer Königin« nicht mehr die Rede sein konnte, wurde sie auch Susanne gegenüber dankbar. »Du Liebe …« konnte sie dann flüstern und Susanne, die bei aller Gutmütigkeit auch immer praktisch-nüchtern gedacht hatte und sich durch kleine Bösartigkeiten nicht aus dem Konzept hatte bringen lassen, wurde ganz gerührt.

Als Ama ruhig endgültig einschlief, war Susanne traurig, und zu Beginn fehlte ihr die Verpflichtung sogar, obwohl die letzten Monate sie an den Rand ihrer Kräfte gebracht hatten.

So gekonnt und wirklich berührend können die meisten Paare ihre Verpflichtungen den alten Eltern gegenüber nicht immer wahrnehmen. Es gibt leider sehr alte Menschen, die immer schwieriger werden, bei denen die Pflege im eigenen Heim oder sogar im Heim des Paares nicht mehr funktioniert. Dies zwischen dem Paar auszutarieren, ist nicht ganz leicht.

Ilse zum Beispiel musste einmal im Monat für drei bis vier Tage 1000 Kilometer weit fahren, um die Pflegerinnen der uralten Eltern zu entlasten. Die übrigen Wochenenden übernahmen die Geschwister. Diese Reisen fielen Ilse, zuerst 68 Jahre alt, nicht leicht, und Walter war damit ganz und gar nicht glücklich. Jedes Mal gab es Diskussionen, wobei Walters »Ratschläge« wie man es besser machen könnte, nicht unbedingt auf fruchtbaren Boden fielen. So entstand häufig ein etwas frostiges Klima, wenn Ilse wieder einmal ihr kleines Köfferchen packte. Das Ganze dauerte zwei oder drei Jahre, und als die Eltern dann im Abstand von drei Monaten starben, war Walters Trauer nicht gerade groß, was er Ilse auch nicht verhehlte. Ilse, jetzt Mitte 70, denkt nicht gerne an diese Zeit. Sie findet, dass Walter sich nicht »bewährt« hat. »Eigentlich wäre es auch möglich gewesen, mich zu unterstützen und mitzufahren – aber da waren ja immer irgendwelche anderen Verpflichtungen: ein Tennismatch oder seine Doppelkopf-Runde«, wie sie etwas bitter sagt. Walter schweigt dazu, sein Gewissen scheint nicht ganz rein. Ilse beschreibt ihre Aushilfstätigkeit im Haus der Eltern als schwierig und ermüdend. Sie habe dauernd Rückenschmerzen gehabt, weil sie die Eltern immer stützen musste, den Rollstuhl richtig stellen und Ähnliches mehr. Auch hier hat der Sozialdienst die gröbsten Arbeiten übernommen, aber die langen Tage mit den immer schwieriger werdenden dementen Eltern zogen sich hin.

»Müssen wir wieder deine Mutter am 24. Dezember schon zum Kaffeetrinken aus dem Heim holen und dann bis fast Mitternacht bei uns haben? Wird sie wieder davon erzählen, wie großartig sie damals in Ostpreußen Weihnachten gefeiert haben mit den vielen Bediensteten und dem Schlitten, mit dem sie vierspännig fuhren? Und wie der Weihnachtsbaum so viel schöner war als der unsrige, weil er mit dem kostbaren alten Familienschmuck behängt war«? – Der Sohn, 64 Jahre alt, macht ein steinernes Gesicht. Zwar ist auch er nicht besonders begeistert über die jährlich durchgehaltene Einladung, weil er sieht, wie nervös die Kinder und jetzt auch schon die Enkel bei all diesen Erzählungen werden – aber trotzdem! Irgendwie findet er es auch rührend, wie sehr die Mutter noch am alten Leben hängt. Dazu kommt, dass die Eltern seiner Frau, die beide noch leben, vollkommen unabhängig sind. Weihnachten verbringen sie meist in La Palma, und wenn sie doch einmal da sind, dann langweilen sie die Familie nicht mit alten Geschichten. Das hält seine Frau ihm immer wieder vor, obwohl ihre Eltern eben besonders gesund und jugendlich sind. Auch hier bleibt ein Stachel, als die Mutter stirbt.

Das Konto ist oft unausgeglichen, selten müssen die Eltern(teile) beider Partner versorgt werden. Wenn dies der Fall ist (wie bei Ede und Susanne), dann wird es bestimmt leichter, sich darüber zu verständigen, wie viel jedem Elternteil zugute kommen muss.

Susanne hat die nötige Gelassenheit gefunden, obwohl die Schwiegermutter nicht gerade ideal war. Sie konnte sich mit Edes Hilfe distanzieren. Das allerdings kann auch in anderen Fällen eine große Hilfe sein. Dem Partner zuzugestehen, dass die eigenen Eltern schwierig sind, dass die Verpflichtung viel abverlangt: Das erleichtert schon vieles. Wie bei allen Streitigkeiten wird es schwierig, wenn man das Gefühl hat, der Partner (die Partnerin) könne die eigene Position nicht verstehen. Kann man sich darauf einigen, dass »Mama wirklich oft eine Zumutung« ist oder dass »sie trotz aller Schwierigkeiten sehr viel für uns getan hat« – dann wird alles leichter.

Diese Pflege kann sogar dazu führen, dass man den Partner oder die Partnerin auf einmal »ganz anders« sieht. Auf einmal wird aus der etwas rauen, rechthaberischen Ehefrau eine ganz sanfte Pflegerin, die alles tut, um der Schwiegermutter zu helfen, oder den Vater immer wieder sehr sanft ermahnt, sich seine Zigarre draußen auf dem Balkon anzuzünden. Der Ehemann selbst wird ärgerlicher ermahnt und sehr oft berichtigt, wenn er etwas sagt. An ihrem sanften Ton den Alten gegenüber merkt er, dass sie ihn eben doch sehr viel ernster nimmt. Die Eltern will sie nicht mehr »erziehen«, wie sie sagt, aber bei ihm sähe sie doch noch einen Gutteil an Erziehungsbedarf. Sie sagt das zwar lachend, aber ihm ist nicht immer nach Lachen zumute.

Und das ist es, was man durch uralte Eltern auch lernen kann: Sie werden sich nicht mehr ändern in ihren Grundzügen, auch dann nicht, wenn sie nicht dement sind. Der alte Adam, die alte Eva scheint durch alle Veränderungen der Person immer wieder durch, übrigens auch oft durch die Demenz hindurch. Es wäre gut, wenn man diese Toleranz auch in der Partnerschaft aufbringt. Warum geht das oft so schwer?

Alte Eltern in ihrer Schwäche zu tolerieren, ist oft leichter, als die Schwäche des Partners auszuhalten. Mit den Uralt-Eltern hat sich das Fürsorge-Verhältnis nun endgültig umgedreht, alte Animositäten können leichter durch das Mitleid überdeckt werden. Die Eltern sind nun meist nicht mehr die gefährlichen »Überpersonen« (es gibt Ausnahmen!), deren Kritik man fürchten muss. In der Partnerschaft aber möchte man die Gleichwertigkeit aufrecht erhalten und dazu gehört auch die (oft irrige) Meinung, der andere könne sich »ändern«, warum nicht: Er/sie ist doch nicht dement, sondern »nur« halsstarrig?

Die alten Muster halten oft lange. Den Gedanken, man könne am anderen herumerziehen, es müsse doch möglich sein, den anderen zu den eigenen Vorstellungen zu bekehren, nur so könne man ein gutes Leben führen – diesen Gedanken sollte man möglichst früh löschen. Die Vorstellung, der andere werde sich »ändern«, nicht nur bei den alten Eltern, sondern auch beim eigenen Partner aufzugeben, wäre sehr hilfreich.

Hilde, deren Mann sich nun fast ganz zurückzieht in seine Welt, hat das verstanden. Peter war immer ein introvertierter Mann, aber einer, der – wenn das Thema ihn interessierte, und das war vieles – sich auch vehement einmischte in die Debatte. Nun mischt er sich nicht mehr ein, er sitzt still versunken da – und Hilde akzeptiert das. Sie hat ihn immer gut verstanden. Nur die Kinder sind oft lästig, wenn sie zu Besuch sind. Sie meinen dauernd, den Vater herausreißen zu müssen und quälen ihn mit Fragen und Hinweisen. Hilde weiß, dass Peter dies unangenehm ist, dass er aufatmet, wenn die Kinder wieder weg sind. Die Kinder finden, dass Hilde mehr Herausforderungen setzen müsste, ihn zu mehr Aktivität zwingen, dann würde er wieder »aufleben«. Hilde weiß es besser. Die beiden haben sich immer sehr nahe gestanden, man kommt sogar auf den Gedanken, dass die Kinder darunter gelitten haben und sich weniger wichtig vorgekommen sind. Das mag sein. Ihre jetzige Kritik an Hilde erklärt sich wohl auch aus diesem Gefühl der Benachteiligung heraus.

Dieses ärgerliche Gefühl: »Er/sie könnte, wenn er/sie nur wollte«, das bei so vielen Paaren auch im Alter für Streitigkeiten sorgt, verschwindet meist bei den Uralten. Sie »können nicht mehr wollen«, spürt man. Die Schwäche ist zu groß, sie müssen an alten Mustern festhalten, um sich nicht ganz zu verlieren. Das »Rechthaben« zum Beispiel kann helfen, die eigene schwache Person wenigstens im Geist noch zu Bedeutung gelangen zu lassen. Aber auch das »Sich-fallen-Lassen« hat eine Funktion, wenn jemand sich ein Leben lang eher passiv verhalten hat.

»Ich war immer schon sehr schwach«, behauptete meine melancholische Großmutter gerne, weil sie das für vornehm hielt. Obwohl sie über 80 wurde (was zur damaligen Zeit ein hohes Alter war), hielt sie diese »Schwäche« für ein Merkmal ihrer Besonderheit und verhielt sich danach. Kinder und Enkel nahmen es gelassen auf. Ja, so war sie schon immer gewesen, und jetzt, wo sie wirklich schwächer wurde, setzte sie halt noch eins drauf: Auch die Banane sollte ihr vorgewärmt in den Mund geschoben werden. (»Ich hab schon immer einen schwachen Magen gehabt.«)

Dass die Verpflichtung uralten Eltern gegenüber oft über die Kräfte der pensionsberechtigten älteren Menschen geht, ist unbestritten. Mit 70 eine 92-jährige Mutter alleine zu versorgen, ist fast immer zu schwierig, als dass man dies lange durchhalten könnte. Die Absprache mit dem Partner (der Partnerin) über die Logistik dessen, was gerade noch möglich ist, kann das Gefühl für die eigene Zusammengehörigkeit stärken. Nach dem Tod der Eltern sich sagen zu können, man hätte gemeinsam alles gemacht, was man sich zumuten konnte, gibt ein Gefühl von Nähe, das der eigenen Gemeinsamkeit gut tun kann.

Es wäre heuchlerisch, würde man nicht auch sehen, dass das Problem der uralten Eltern manches Paar zwischen etwa 60 und 75 an den Rand ihrer Kräfte bringen kann, physisch und psychisch; dass dabei Wut aufsteigen kann, Wut auf den Partner, auf die Eltern – vor allem, wenn es nicht die eigenen sind. Es ist eine der Bewährungsproben der alten Ehe, bei der sichtbar wird, wie viel an Menschlichkeit eben möglich ist, wie stark oder wie gebrechlich der eigene Wille ist. Auch damit muss man sich auseinandersetzen können.

Wie wird man selbst sich verhalten, wenn man uralt ist? Werden die eigenen Kinder sich erinnern, wie man es mit den eigenen Eltern gehalten hat?

Kinder? Naja ... – Aber Enkelkinder, die sind ein Glück

Die oft mühsame Zeit der Kindheit der eigenen Kinder ist lange vorbei, man hat sich durch die Pubertät gerungen – mehr oder weniger schwierig war das –, aber dann gibt es doch eine ruhigere Phase. Die Eltern, meist noch immer berufstätig, wissen (hoffentlich) ihre Kinder nun in gefestigten Bahnen, die Schwiegertöchter/söhne/freunde scheinen nun endlich einen stabilen Platz einzunehmen.

Für eine Reihe von alten Paaren aber gibt es trotzdem Ärger und Kränkungen durch die Kinder. Jetzt, wo man ordentlich mitgeholfen hat, sie ins »richtige« Leben zu bringen, hätte man eigentlich mehr von ihnen erwartet als die spärlichen und oft sogar missmutigen Besuche zu den Feiertagen. Telefon? Na ja, wenn man selbst sich meldet, ist meist der AB an, Rückrufe sind nicht gewährleistet.

Manche Eltern, meist Mütter, beklagen sich dann beim nächsten Telefonat. Es steigert natürlich die Lust auf Elternkontakt nicht, wenn der erste Satz lautet: »Du rufst aber auch nie an«, worauf dann eine Bilanz aufgemacht wird, wer wen zu welcher Gelegenheit als erstes angerufen hat. Kränkungen sind vorprogrammiert: Schon wieder nicht an Omas Geburtstag gedacht! Dass Papa schon seit einer Woche diesen schrecklichen Husten hat – keine Nachfrage! Und so geht es weiter mit den kleinen Versäumnissen und Lieblosigkeiten.

Natürlich gibt es auch ganz andere Szenarien. Liebevolle Söhne und Töchter, die täglich Kontakt halten – ist das nun uneingeschränkt gut?

Auch hier stehen viele Deutungsmuster bereit: Man hat die Kinder also vielleicht nie ganz losgelassen? – Sonst würden sie sich nicht dauernd melden und bei jeder Schwierigkeit nach der Mama rufen oder den Papa um Rat fragen? Aber ist das nicht doch »ganz normal«, wenn man bei denjenigen Menschen anfragt, deren Liebe man am sichersten sein kann?

Und diejenigen, die sich so selten kümmern? Hat man sie zu Egoisten erzogen, zu solchen, die nie um das Wohl der anderen besorgt sind? War man zu streng oder zu verwöhnend?

Herta und Brigitte, zwei Freundinnen, haben darüber viel nachgedacht. Beide sind immer wieder unzufrieden mit ihren Kindern, allerdings gibt es wiederum auch Highlights der Begegnung, die sie sehr genießen. Ihre Ehemänner sind da gelassener: »Lass die doch in Ruhe, die haben ihr eigenes Leben. Und wir doch auch!«, so meint Wolfgang oft, und Hertas Mann stimmt zu.

Die beiden Frauen analysieren die jeweiligen Situationen sehr viel genauer. Natürlich, die Kinder sind angestrengt in ihren Berufen, sie teilen sich Haushalt und Kinderfürsorge, sie sind dabei, Karriereleitern hoch zu steigen – dafür muss man schon Verständnis zeigen.

Dass aber Hertas Tochter jedes Mal, wenn Herta über ihre eigenen Erlebnisse erzählen möchte, ganz offensichtlich nicht hinhört, jedes Gespräch – ob am Telefon oder persönlich – dann abbricht und nur mehr über die Schwierigkeiten spricht, als Architektin einen Auftrag zu bekommen, das findet sie lieblos. Und Brigitte berichtet von ihrer Tochter, dass die jedes Mal gähnt, wenn sie telefonieren.

»Bist du müde?«, fragt sie dann spitz, worauf nur ein etwas gelangweiltes »Wieso?« kommt.

Brigitte meint, die Kinder würden sie für ihre alten »Erziehungssünden« strafen wollen. »Ich war vielleicht allzu perfekt, alles musste stimmen: die Farbe der Möbel und der Kissen, und die Kleider und T-Shirts sollten auch nie einfach vom Kaufhaus sein, in grellen Farben und mit geschmacklosen Bildchen … Sie schickt ihre Zwillinge manchmal mit solch grässlichen Klamotten zu uns, dass ich mir denke: Sie will's mir zeigen, wie unwichtig das alles ist. Dafür erzählt sie mir immer sehr ausführlich, welch tolle Kita sie ausgesucht hat für die Kleinen und vergisst nie zu sagen, dass die von uns gewählte Kita ja mehr so eine Bewahranstalt war, während bei ihren Kleinen ungemein viel gelernt würde, die Kinder würden sehr gefördert, kognitiv und emotional.«

Herta macht sich Vorwürfe, weil ihre Ehe in den mittleren Jahren recht turbulent war: Ob sie das wirklich so gut verbergen konnte? Die zwei Älteren, die das alles mitgekriegt haben, sind recht widerspenstig; die Jüngste – nun auch schon Oberärztin in einem guten Krankenhaus – ist viel weicher und geneigter, sich mit den Eltern zu treffen. Mit ihr kann Herta sehr viel mehr besprechen als mit den Älteren. Sie war das »Versöhnungskind«, und Herta meint, dass man ihr das auch anmerkt. Sie ist fröhlich und tüchtig und nicht so verbissen wie die beiden Älteren.

Eifersucht, Neid auf beiden Seiten (gegenüber dem Vater, gegenüber der Mutter) stören ein Verhältnis, das fast immer letztlich auf Liebe und Vertrauen fußt. Spätestens dann, wenn es den Alten wirklich schlecht geht, erweist sich, ob das Eltern-Kind-Fundament wirklich so fest ist, wie man es für richtig hält. Meist hält dieses Fundament und sowohl Eltern als auch die Kinder fühlen sich letztlich damit ganz gut.

Oft aber ändert sich das Bild sehr deutlich, wenn die Enkelkinder dazukommen. Häufig sind sie eine große neue Quelle des Glücks. Kommen sie in eine frühere Phase, nämlich dann, wenn die Großeltern noch berufstätig sind, dann kann man oft nicht mehr tun, als zum Geburtstag und zu Weihnachten Geschenke zu bringen, ab und zu einzuladen und sich immer wieder zu erkundigen. Man kann die Enkel lieben, aber sehr viel Zeit hat man eben nicht.

Für viele Paare aber kommt die Großelternzeit recht spät: Die »Kinder« brauchen oft ziemlich lange, um ihren Platz im Leben zu finden, die erste Geburt verschiebt sich gegenüber früher in vielen Mittelstandkreisen um fünf bis sechs Jahre.

Dies aber ist die Zeit, in der man als Großmutter und Großvater nun wirklich gefordert ist. Wenn das ältere Paar gesundheitlich nicht angeschlagen ist, beginnt für viele die sehr wichtige »Großeltern-Zeit«.

Sie wird unterschiedlich gestaltet, aber meist recht intensiv erlebt. Ich kenne Großeltern, die ihrer Kinder und Enkel wegen den Wohnort gewechselt haben, um jederzeit einspringen zu können; ich kenne – wohl am häufigsten – Großeltern, die einen oder zwei »Enkeltage« haben, an denen sie die Kinder von der Kita oder Schule abholen, sich mit ihnen beschäftigen, zur Klavier- oder Cellostunde bringen und eventuell auch bei sich schlafen lassen. Es gibt Großeltern, die eher »auf Abruf« bereit stehen, um Babysitting zu machen. All dies bedeutet für die Großeltern meist, dass sie sich für den Alltag ihrer Enkel lebhaft interessieren, immer auf dem Laufenden sind und nun viele

Debatten um Erziehung, Schulform und die Besonderheiten der Kinder mitmachen. »Großeltern unter sich«: Das ist ein eigenes Feld und eine neue Situation, die sich vollkommen anders gestaltet als in früheren Zeiten. Die Großeltern der älteren Paare sind oft noch im 19. Jahrhundert geboren. Sie hatten ihre eigenen Kinder (also unsere Eltern) oft noch streng erzogen, waren dann den Enkelkindern gegenüber aber meist weichherzig, das Klischee von den »verwöhnenden« Großeltern stimmte oft. Babysitten, die Kinder übernehmen war nicht nötig, weil die Mütter meist nicht arbeiteten. Lebten sie auf dem Land, oft in bäuerlichen Verhältnissen, dann konnten die Ferien bei den Großeltern wunderschön sein.

Ich glaube allerdings nicht, dass diese Generation Großeltern sich sehr intensiv mit den Erziehungsproblemen oder den Schulsorgen der Enkel beschäftigt hat. Die Enkel waren – hoffentlich! – gut in der Schule, wenn nicht, dann gab es schon mal besorgte Ermahnungen. Im Übrigen besuchte man sie oder wurde besucht, trank Kaffee miteinander und hinterließ Geld, wenn man merkte, dass die Enkel noch keinen Wintermantel hatten.

Bei vielen heutigen Großeltern ist dies aber nun ganz anders. Wenn man so sehr einbezogen ist, dass man die Enkelkinder wöchentlich sieht, dann bekommt man eben auch die kleinen Alltagssorgen mit. Und hier hat sich die Struktur gegenüber früher sehr verändert: Die älteren Paare haben in der Kinderzeit ihrer eigenen Kinder schon recht heterogene Erziehungsvorstellungen mitbekommen, waren oft einbezogen in ein Wirrwarr von unterschiedlichen Werten. Antiautoritär? Kinderladen? Oder: Gerade das Gegenteil?

Und jetzt? Die wildesten Triebe der antiautoritären Erziehung sind zwar beschnitten, Kinder sollen nicht mehr Kumpels der Erwachsenen sein. Aber wie sehr man den Kindern nachgibt, wenn sie täglich Star-Wars-DVDs sehen wollen, wie viele Konsumwünsche man erfüllt, ob man strikt darauf sieht, dass die Nachtruhe eingehalten wird oder ob Kinder im Bett der Eltern einschlafen dürfen – das alles und noch viel mehr gibt Anlass zu Bedenken und Sorgen. Viele Großeltern finden, dass die Eltern »zu nachgiebig« sind, erinnern sich wahrscheinlich selbst nicht mehr daran, wie oft die eigenen Kinder »Fury« oder »Pippi Langstrumpf« gesehen haben. Die Großeltern sind nicht mehr unbedingt die »Verwöhnenden«, sie versuchen die Nachgiebigkeit der Eltern zu korrigieren, fallen aber dann doch zurück in die Verwöhnhaltung – mit einem Wort: Sie spiegeln den ganzen Diskussionskreis um Erziehung wider, so wie ihre Kinder dies tun. Disziplin? Freiheit?

In die Diskussion einbezogen sind natürlich auch die eigenen Kinder – oft sind sie für, manchmal auch gegen die jeweiligen Erziehungsmaßnahmen.

Marion, 67, erzählte mir, dass sie nun alles, was »Schule« beträfe, in diversen Zeitungen und Zeitschriften liest. »Bei meinen eigenen Kindern war das nicht so wichtig. Wir haben die nächste Schule und das nächste Gymnasium gewählt, weil wir wollten, dass sie keine langen Fahrzeiten haben – basta! Beide, Sohn und Tochter, waren mittelmäßige Schüler, aber die Versetzung war nie gefährdet, das hat uns genügt. Dass die Tochter dann sieben Wartesemester auf ihren Studienplatz in Medizin hatte, haben wir zwar bedauert, aber ihre Ausbildung als medizinisch-technische Assistentin hat ihr dafür sehr geholfen. Irgendwie haben wir uns auch gesagt: »Selber schuld«. Aber genau diese Tochter ist schon jetzt, wo unser Enkel gerade mal zehn

Jahre alt ist, ungemein besorgt, weil er in Deutsch eine Zwei hat und vielleicht nicht auf das Wunsch-Gymnasium gehen kann. Das ist absurd, aber ich merke, dass viele Eltern solche Sorgen haben. Daher spreche ich auch mit anderen darüber. Eine Freundin ist Lehrerin am Gymnasium, die ist mir dabei eine große Hilfe. Mein Mann und ich sind wirklich ganz stark eingebunden in die entsprechenden Diskussionen.«

Bei Helga sind es die Diskussionen um die Video-Spiele, die ihre Enkel geradezu süchtig spielen. Helga und Anton haben sich selbst schlau gemacht und spielen nun manches Spiel spaßeshalber auch mit – sie können viel über Vor- und Nachteile erzählen und tun dies auch ausgiebig. Sie sind schon fast Experten in dieser Branche.

Die meisten »aktiven« Großeltern erzählen mit viel Engagement über ihre Enkelkinder, und ich denke, dass sie manchmal über die eigenen Kinder weniger miteinander gesprochen haben, als über die jetzt anstehenden Probleme und Freuden mit den Enkelkindern.

»Es ist ein wichtiges Thema zwischen uns«, sagt Brigitte, »wir haben durch unsere Enkel nicht nur gelernt, besser mit dem PC umzugehen, das hätten wir sowieso gelernt. Aber was ein Computer für das Kind bedeutet, wie PC und Fernsehen sich auswirken auf das kindliche Gehirn und die Werteentwicklung und Alltagsgestaltung – da haben wir schon eine ganze Menge gelesen. Unlängst haben wir mit anderen »betroffenen« Großeltern einen ganzen Abend lang über »Star Wars« diskutiert, das beschäftigt uns zur Zeit sehr. Und – man glaubt es kaum – diese Diskussion führte uns bis in theologische Bereiche, über die Bedeutung des Bösen, darüber wie in der Bibel die Gewalt beurteilt wird, und ähnliche Themen.«

Nun, in solche Höhen werden sich nur wenige Großeltern aufschwingen, aber Diskussionsstoff haben die meisten zur Genüge, und ganz bestimmt ist es ein Thema, das ein altes Paar binden kann. Die Diskussionen über die eigenen Kinder sind nämlich nicht unbedingt immer so friedfertig verlaufen: Bei jeder Kritik am Verhalten hat man schließlich Schuldige gefunden (»weil du sie verwöhnst«, »weil du immer so streng bist« etc.), das waren oft harte Misshelligkeiten. Jetzt, wo es um die Enkelkinder geht, ist man sich viel einiger, man fühlt sich ja auch nicht »schuldig«, wenn es nicht so ganz klappt.

Enkel können also ein belebendes Element sein in der Ehe alter Paare – natürlich vorausgesetzt, beide Großeltern fühlen sich verantwortlich. Hat sich nur die alte Rollenteilung durchgesetzt, dann wiederholt sich einfach die frühere Konstellation: »Opa darf nicht gestört werden und Oma backt Pfannkuchen und erzählt Geschichten« – wie langweilig!

Dass Opa nun seine ganz speziellen Fähigkeiten (oft ist es wirklich noch technisches Verständnis oder handwerkliches Können) kindgerecht einbringen kann in die Gemeinschaft von Großeltern und Enkeln, gibt auch dem Gemeinschaftsgefühl des alten Paares wieder mehr Schwung. Zum ersten Mal – leider, kann man da nur sagen! – hat er nun Gelegenheit, sich differenziert auseinanderzusetzen mit den Bedürfnissen eines Kindes und dessen Gefährdungen. Bei vielen alten Paaren war dies bei den eigenen Kindern wirklich eine Schieflage, manchmal haben es die Ehefrauen noch immer nicht ganz verziehen. Die Großeltern-Rolle (egal, wie sie konzipiert wird) kann eine Art »Wiedergutmachung« sein, dies berichtet manche Großmutter auch mit Befriedigung. »Er ist ein ganz toller Großvater« – für manchen Mann ist dies ein großes Kompliment!

Wir haben die Bedeutung der Großeltern – sofern sie die Möglichkeit haben, öfter »präsent« zu sein – in letzter Zeit in einer Reihe von Veröffentlichungen verfolgen können. Diese immer noch geistig agilen und körperlich fitten Großeltern können als wichtige innere Bilder für die Enkel sehr viel leisten. In der Kleinfamilie können die Kinder nur wenige Bilder der nahestehenden Menschen in sich aufnehmen. Großeltern können daher eine wichtige Ergänzung sein, wenn sie sich wirklich einsetzen. Gerade wenn es daheim nicht so ganz rund läuft, sind Großeltern wichtig für den Ausgleich. 20- bis 30-jährige Patienten, deren Großeltern noch am Leben und ansprechbar sind, erzählen gerade in der Therapie oft, wie wichtig diese in der Scheidungszeit oder bei großen Pubertätskonflikten gewesen sind und wie gerne man auch jetzt noch mit ihnen beisammen ist. Auch wenn die Großeltern nicht mehr leben: Die inneren Bilder geben Halt, manchmal sogar mehr als die der Eltern.

Wenn ein altes Paar die Enkel-Pflichten gemeinsam wahrnimmt, dann ist dies eine Team-Arbeit, die verbindend ist und nochmals anzeigt: Wir sind auch als ein Paar wichtig, auch als ein Paar können wir den Enkeln ein Bild vermitteln, das vielleicht viel später noch lebendig sein wird.

Gelingende Gemeinsamkeit – Was ist denn eine »gute Ehe«?

Was bedeutet es, wenn man von einer »guten Ehe« spricht, wenn also Gemeinsamkeit über viele Jahre hindurch als gelungen bezeichnet werden kann?

Es gibt recht unterschiedliche Kriterien, unter denen man Beziehungen beurteilen kann. Wir sollten uns hüten, hier vorschnell Kriterien anzuwenden, die einem historisch vielleicht nur kurzzeitig bestehenden Ideal von Partnerschaft geschuldet sind. Ich möchte dazu etwas weiter ausholen und von einer sehr viel älteren Ehe erzählen, deren Verlauf mir im Laufe meines Lebens immer wieder andere Überlegungen abgenötigt hat. War das eine »gute Ehe«?

Ein mit meiner Mutter befreundetes Paar, das ich auch recht gut kannte, machte mir erstmalig klar, wie changierend und zeitabhängig die Kriterien für das Gelingen einer Ehe sind. Dieses Paar, nennen wir sie Anni und Robby, heiratete im Jahre 1929 in Wien. Sie war damals 20 Jahre alt, gelernte Schneiderin, er war Rechtsanwalt, 14 Jahre älter. Sie liebten und bewunderten einander – und das blieb bis zum Tod so. Sie galten allgemein als ein besonders »glückliches Paar«. Robby fand seine Frau »wunderschön«, Anni bewunderte seine Klugheit und Bildung und sein Geigenspiel. Außenstehende – sofern nicht neidisch – waren oft gerührt über die beiden, denn weder wurde Anni als Schönheit angesehen noch war Robbys Geigenspiel immer erfreulich anzuhören. Aber »für mir bist du scheen«, wie ein bekanntes jiddisches Lied treffend sagt.

Dass Robby ein kluger und gebildeter Mann mit einem wohlhabenden familiären Hintergrund war, ist allerdings Tatsache. Das Paar lebte ein angenehm-bürgerliches Leben, wie es damals üblich war. Natürlich musste Anni nicht arbeiten, die Ausbildung zur Schneiderin war wohl eher eine Spielerei und ein Hobby gewesen. Kinder wollte Robby nicht, weil die Zeiten zu unsicher waren, wie er klug voraussehend ahnte. Anni war eine gute Hausfrau, sie kochte und hatte ein Mädchen für die gröberen Arbeiten zur Hand. Ihr Freundeskreis war zivilisiert und interessant. Sie lebten, wie es ihren Eltern und Großeltern im 19. Jahrhundert wohl auch angestanden hätte.

Das Jahr 1938 mit dem Einmarsch Hitlers in Österreich machte der Paar-Idylle ein Ende. Robby war Jude. Er kam aus einer sehr assimilierten Familie (er war sogar wie sein Vater schon christlich getauft worden) – aber die Rassengesetze machten da keine Ausnahme. Robby konnte noch einige Beziehungen spielen lassen, und so wanderte das Paar relativ »komfortabel« nach England aus. Nun bewährte sich die Gemeinschaft. Der Jurist Robby fand sehr lange nichts Adäquates, um sie beide finanziell zu erhalten, wurde zeitweise interniert und bekam erst einige Jahre später eine schlecht bezahlte Anstellung als Lehrer in einer kleinen Privatschule. Anni aber bewährte sich: Sie verdingte sich zuerst als Hausmädchen, sie nähte für die vielen Bekannten der Familie und wurde ihrer Liebenswürdigkeit wegen (und nachdem sie mit viel Fleiß bald Englisch gelernt hatte) immer wieder als Schneiderin weiterempfohlen. Davon konnten sie nach einiger Zeit sogar etwas ersparen, so dass die letzten Jahre in England für beide recht erträglich waren. Zuletzt wäre Anni gerne geblieben, aber Robby wollte nach Ende des Krieges wieder zurück in seinen Beruf, und natürlich folgte ihm Anni nach Wien.

Als Robby, fast 90 Jahre alt, einige Jahre vor Anni starb, war sie untröstlich. Sie wurde manisch-depressiv (eine Krankheit, die vorher nie aufgetreten war) und war bald wegen einsetzender Demenz ein Pflegefall. Ohne Robby, so schien es, war Anni nicht lebensfähig.

Was kann es Schöneres geben als solch ein Paar-Leben? Gibt es da irgendeinen Haken? Ist dies alles nur schön, nur »gelingende Partnerschaft«? Wo beide einstimmig immer wieder ihre Einheit betonen und dies auch beweisen durch ihr Zusammenhalten in schlimmen Zeiten?

Wenn wir die subjektive Beurteilung der beiden ansehen, gibt es bestimmt wenig auszusetzen daran, dass man das Paar als »Vorzeigepaar« betrachten kann. Sie bezeichnen sich als »glücklich« miteinander – basta!

Bekommen wir aber einige Zusatzinformationen, dann wird diese Beurteilung etwas brüchig.

Robby nämlich war notorischer Fremdgänger, bekannt als solcher bei allen Freunden. Er »wilderte« auch im Freundeskreis (oder versuchte es zumindest), und keine Sekretärin war vor ihm sicher. Nie hat er allerdings die leiseste Absicht gehabt, Anni zu verlassen. Vermutlich war er nicht einmal verliebt in die diversen Frauen. Es ging wohl mehr ums Erobern.

Anni wusste davon nichts, zumindest hat sie nie ein Sterbenswörtchen darüber gesagt und untreue Männer im Bekanntenkreis scharf verurteilt. Ob sie etwas geahnt hat? Unbewusst? Wer kann das sagen. Sie war immer gleichmäßig zufrieden mit ihrem Paarleben, und nicht selten saß sie mit einer von Robbys Geliebten traulich beim Kaffeetratsch beisammen.

Welche Gemeinheit, würde man sagen – und hier kommt nun ein etwas anderes Wertesystem als ein konservativ-bürgerliches aus dem 19. Jahrhundert ins Spiel. In Robbys Vorstellung war dieses Erobern fremder Frauen nichts, was seine Liebe zu Anni tangierte – in vielen Zeiten war die »Mätresse« ja fast so etwas wie eine Pflicht in den höheren Kreisen. Nun aber ragte diese Fremdgeherei schon in ein anderes Wertesystem hinein: in das »psychologische« nämlich. Die Bekannten der beiden waren nicht unbedingt bereit, seine Eskapaden mit einem Augenzwinkern abzutun – obwohl keiner ihm mal die Meinung sagte. (Man war in den 50er/60er-Jahren, da tat man solches nicht!) Man diskutierte im Freundeskreis aber laienpsychologisch- psychoanalytisch, und dieser Diskussion würde sich in irgendeiner Form auch heutzutage noch manch einer anschließen. War die Ehe vielleicht sexuell unbefriedigend? Anni äußerte sich auch darüber verschämt-zufrieden, wenn die Frauen dieses Thema unter sich besprachen. War Robby eben doch – unbewusst – nicht so ganz ausgefüllt mit seiner Ehe? Warum hatte er das nötig? War Anni ihm vielleicht sogar langweilig? Denn dies war der zweite Haken an der »glücklichen Ehe«: Anni war reichlich naiv und reichlich demütig und vielleicht auch nicht sehr gescheit.

Das sah dann zum Beispiel so aus, dass Robby sehr genau bestimmte, wie Anni sich zu kleiden hatte, meist mit selbst genähten Kleidern, die er immer besonders schön fand, während er sich außer Haus oft um recht elegante Frauen bemühte. Er bestimmte, ob und in welchem Fall Anni sich schminken durfte und dass sie – um Gottes willen – sich nicht die Haare färben durfte. Selbst eine kleine Blautönung durfte nicht in die ergrauenden Haare hinein und da Anni sehr bald weiß wurde, musste sie mit einem eher unschönen Gelbstich in den Haaren herumlaufen, wurde aber gerade deshalb von Robby bewundert. (»Alles so natürlich, eine echte Schönheit braucht keinen Aufputz.«) Anni wehrte sich nicht, obwohl sie gerade in dieser Beziehung ein wenig innerlich aufmuckte, wie sie mancher Freundin gestand. Aber: Robby wollte das so …

Dass Robbys Meinung über Politik, Kunst und andere Menschen (oft recht scharf und abwertend, wenngleich für andere interessant) auch die ihrige war, verwundert nicht. Da gab es keine Diskussionen. Eigentlich erstaunte es keinen aus dem Freundeskreis, dass Anni nach Robbys Tod zusammenbrach. Sie hatte eben ganz und gar sein Leben gelebt.

Dies nun ist die neue Wendung in der Beurteilung eines Paarlebens – sowohl gesellschaftlich als auch individuell-psychologisch begründet.

Nun, nach dem Krieg, mit dem langsamen Einsetzen der Frauenemanzipation, sollten die Frauen nicht mehr im Schatten der Männer stehen, sie sollten eigenständig werden, als »autonome Subjekte« ihr Leben bestimmen. Annis Lebensführung, so selbstverständlich sie Ende der 20er Jahre im bürgerlichen Lager begonnen hatte, wurde nun suspekt. Auch die Frauen ihres Jahrgangs waren infiziert von neuen Gedanken – nicht gerade sehr kämpferisch, aber dass der Ehemann sogar über Haarfarbe und Lippenstift zu bestimmen hatte? Das war nun unzumutbar. Aber Anni gehorchte ohne Widerspruch, und das könnte eben, so argumentierte man, auch dazu führen, dass ihr Mann andere, elegantere, selbstbewusstere Frauen brauchte. Man benötigte – ein neuer Slogan – Diskussion und Widerspruch. »Streiten verbindet«, hieß es einige Jahre später.

Oder lag es nur daran, dass Robby ein äußerlich nicht sehr attraktiver Mann war und sich ein wenig Selbstbewusstsein holen wollte? So wurde im Freundeskreis halb lächelnd, halb empört spekuliert. Und natürlich blieb auch die Analyse von Anni nicht aus.

Hätte Anni durch Zufall von Robbys zweitem Leben erfahren, hätte sie daraufhin wahrscheinlich eine tiefe Krise gehabt und wäre vielleicht in der heutigen Zeit zum Therapeuten gegangen. Dann, so kann man wohl mit Recht vermuten, hätte sie wohl ihre Ehe nicht mehr in derselben Weise gepriesen wie in ihrem »naiven« Zustand.

Was aber kann man daraus schlussfolgern? Dass die subjektive Ebene des Urteils auf einer Fehleinschätzung beruht? Das wäre nur dann gerechtfertigt, wenn man unsere Kriterien für gelingendes Leben und gelingende Partnerschaft als Letztinstanz ansieht.

Die Kriterien der Moderne sind zwar vielfältig, aber doch durchzogen von einigen Grundideen: dass der Mensch autonom sei, das heißt, aus sich selbst heraus Entscheidungen treffe, sich nicht entmündigen lasse – weder von Ideen noch von anderen Menschen. Dies sind die bekannten Ideale der Aufklärung. Dementsprechend muss – hier spielt folgerichtig die Emanzipation der Frau hinein – auch die Partnerschaft frei von Zwang sein, jeder muss seine eigenen Entscheidungen treffen können, nachdem sie in gleichrangigem Diskurs erzeugt worden sind. Diskurs, Streitkultur, gleiche Rechte, Vertrauen: All das gilt als Ingredienz einer geglückten Partnerschaft.

Eine Partnerschaft wie die von Anni und Robby würde heutzutage als therapiebedürftig abgetan, niemand würde davon sprechen, dass sie geglückt sei, allzu sehr steht Anni als armes Opfer da. Aber auch Robby würde zugebilligt werden, dass er nicht so ganz zu seinem Recht kommt – auch wenn er das vielleicht gar nicht weiß.

Was also könnte man als eine geglückte Partnerschaft bezeichnen? Gibt es Kriterien, die unwiderruflich sind?

Die gesellschaftlichen Vorgaben sind schwer zu unterlaufen, man besteht darauf, dass Frauen sich emanzipieren und selbstbestimmt handeln, dass Männer auch ihre »weiblichen« Seiten entwickeln und dass man in einer dauernden Auseinandersetzung um diese Positionen ringt. »Sich abgrenzen«, heißt eine Devise.

An diesem Punkt wird die Suche nach Kriterien für ein Gelingen der Partnerschaft wiederum unscharf. Wo liegen die Grenzen zum Egoismus? Wo verliert man sich ganz und gar in den Partnerwünschen und muss sich »masochistische Züge« vorwerfen lassen?

Niemand würde in der jetzigen gesellschaftlichen Position die Ehe von Anni und Robby noch vorbehaltlos als »glücklich« ansehen, und ich erinnere mich an viele Diskussionen zwischen den Freundinnen meiner Mutter über das Thema. Ich als junge Studentin, schon ein wenig »infiziert« vom Gedanken der Frauenemanzipation und sehr überzeugt davon, dass mein Studium mir mehr Freiheit geben würde als meinen weiblichen Vorfahren, fand, dass die Ehe von Robby und Anni »pure Heuchelei« sei. Das war selbstverständlich auch eine unsinnige Position.

Liest man moderne Ratgeber, dann werden in sehr redundanter Form immer wieder ähnliche Tugenden gepredigt: Eine richtige Balance von Distanz und Nähe, Respekt vor der Eigenart des anderen, Ehrlichkeit, das Diskutieren oder sogar »Ausdiskutieren« von Problemen, Freiheit für den Einzelnen trotz Verbundenheit, sexuelles Zusammenspiel.

Es gibt dazwischen selten auch einen schwachen Gegenwind: Man könne auch mal etwas verschweigen, auch rationale Überlegungen seien für eine gelingende Partnerschaft wichtig (Retzer, 2011) und Ähnliches.

Noch Knigge hatte für das Gelingen einer Ehe empfohlen, die Frau müsse die Launen ihres schwer arbeitenden Mannes durch Fröhlichkeit und Fürsorglichkeit aufhellen, müsse sich zurücknehmen und Ähnliches mehr (Mahlmann, 2003). Hier wirbeln also die Werte durcheinander, denn selbst die Knigge-Ratschläge, so altbacken sie daherkommen, sind in manchen Ehen nötig, wenn die Partnerschaft halten soll. Natürlich könnte man immer fordern: Alle Verhaltensweisen, die zum Gelingen führen, mögen beiden Partnern in gleicher Weise zugemutet werden – die Realität sieht vor allem bei den alten Paaren oft anders aus, trotz Feminismus.

Es war bestimmt immer ein Balance-Akt für ein Paar, sich jahrelang ohne allzu große Krisen miteinander durchs Leben zu wagen. Die Berichte früherer Zeiten – Romane, Gedichte, Dramen – zeigen dies in aller Deutlichkeit. Jede Ehe muss von beiden individuell erfunden werden, auch dann, wenn die Normen sehr viel fester vorgegeben sind als in unserer Zeit. Wenn, wie seit den Zeiten der Romantik, auch ein solch changierendes Gefühl wie Liebe und Sinnlichkeit zum Gelingen der Partnerschaft beitragen soll, wird alles noch problematischer.

Sind überstandene Krisen wirklich ein besonderes Bindemittel einer Ehe? Ist die »gemeinsame Welt« überhaupt ein sinnvoller Begriff, wenn man durch verschiedene Arbeitsplätze viele Stunden voneinander getrennt lebt, denkt und fühlt? Wie sieht unter diesen Bedingungen »Nähe« aus und wie »Distanz«? Was bedeuten die Kinder für die elterliche Ehe, wenn sie nicht mehr dazu benötigt werden, den Lebensunterhalt im Alter zu sichern, sondern als Glücksbringer und Erhöhung des eigenen Selbstwerts angesehen werden? Forschungen gerade über den letzten Punkt lassen die Vorstellung vom »Glück«, das Kinder für die Partnerschaft bedeuten, wanken. Allzu unterschiedlich sehen die Befunde aus. Die Hinwendung zu den Kindern bedeutet oft auch Distanz zum Partner, die bis hin zur Vernachlässigung führen kann.

Es gibt Menschen, denen nur die mittleren Jahre gelingen – eben deshalb, weil man durch die vielen »getrennten Welten« Distanz hatte. Fällt aber diese Barriere weg, finden sie keine neue Balance von Nähe und Distanz und gehen einander nur noch auf die Nerven. Auch Krisen in den mittleren Jahren können, wenn sie überstanden werden, eine neue, gute Form der Distanz schaffen, die sowohl den Partner als auch die eigene Person einer neuen und meist realistischeren Bewertung unterziehen.

Marita spricht über die »Krise« ihrer Ehe anders als Gertrud (s. u.), aber beide haben daraus für sich und ihren Partner offenbar Gewinn gezogen. Marita hat seit der Zeit, als Robert sich von ihr abwandte und in seinem Liebes-Ungestüm sogar die Scheidung verlangte, ein anderes Verhältnis zu ihm – sie weiß manchmal nicht genau, ob sie das nun besser findet. Zwar hat Robert zu ihr zurückgefunden, aber sie ist misstrauischer und vorsichtiger geworden. Sie weiß, dass seine Geliebte immer wieder andere Männer hatte und Robert deshalb die Beziehung unter Schmerzen beendet hat – ob er ohne diese Treuebrüche auch zurückgekommen wäre? Marita ist klug und sinnt darüber nicht dauernd nach. Aber ihr Vertrauen zu Robert ist nicht mehr ohne jeden Riss. Jetzt, da er – 72 Jahre alt – durch eine überstandene Krebserkrankung schwächer wird, wird er ihr wohl, wie sie ein wenig spöttisch sagt, »erhalten« bleiben. Aber wenn alles ein wenig anders gelaufen wäre? Manchmal sehnt sie sich nach der Zeit, als sie mit unbegrenztem und naivem Vertrauen beim Fest zu ihrem zehnten Hochzeitstag mit ihrem Mann in solch inniger Umarmung getanzt hatte, dass die Gäste stehend applaudierten. Damals hatte sie gedacht, dass sie niemals mehr unglücklich sein könnte: Sie fand sich schön und sexy und elegant, und all dies bestätigte ihr Mann. Das, so scheint ihr, war ein Höhepunkt ihres Lebens gewesen – der Abstieg hatte dann nicht lange auf sich warten lassen. Als Robert damals ein eigenes Zimmer mietete, hatte sie ihr Leben selbst in die Hand nehmen müssen. Kinder, Schulprobleme, Beruf (Marita war früher Lehrerin), das alles war in ihre Hand gelegt worden, Robert war nur mehr Zaungast. Aber dieses eigenständige Leben – fünf Jahre hatte es gedauert – war ihr gut bekommen, das betont sie immer wieder. Nicht zuletzt hatte es nach einiger Zeit einen »Tröster« gegeben. Sie hatte ihn nicht gerade leidenschaftlich geliebt, aber es war nach all den Kränkungen schön, wieder begehrt zu werden. Er ist ihr übrigens auch jetzt noch ein lieber Freund.

Die Krise ihrer Ehe hat ihr mehr Selbstvertrauen gegeben – aber Vertrauen in ihren Mann? Nein, das hat sie seither nicht mehr in solch kindlicher Weise, obwohl sie es jetzt schön haben miteinander, noch einiges gemeinsam unternehmen und hoffen, dass die Krankheit nicht ganz so schlimm zuschlagen wird. Marita weiß nicht, ob sie es gut findet, wenn man Illusionen begräbt – irgendwie ja, irgendwie nein ... »Ich sehe das Leben jetzt anders, auch wenn mir Freunde von ihren Problemen erzählen. Ich nehme es nicht mehr ganz so ernst, früher hab ich mich mehr hineingehängt. Jetzt denke ich eher: ›In einem Jahr sieht alles anders aus.‹ Das gibt mir mehr Distanz, das kann auch gut sein. Andererseits, manchmal denke ich, ich sei gefühlloser geworden. Diese Jahre ohne Robert haben mich geprägt. Ihm gegenüber bin ich viel rationaler. Wenn er seine Launen hat, geh ich ihm aus dem Weg, und wenn er mich dominieren will – das lasse ich mir nicht mehr gefallen. Er hat sich aber wirklich verändert, ich denke, er hat mehr Respekt. Jetzt bin ich nicht mehr die kleine Naive, das ist gut so.«

Bei Gertrud ist das Erleben der Krise ganz anders. Sie hat – außer in den allerschlimmsten Tagen vor dem Suizid seiner Geliebten – nie geglaubt, dass Paul die Ehe wirklich aufgeben könnte. Sie spürte, wie sehr er an ihrem gemeinsamen Leben hing, wie sehr er verwachsen war mit ihrem Schicksal. »Es gibt eine Grundüberzeugung von einem gemeinsamen Lebensplan, die ich immer gespürt habe, er hat mich ja sogar in dieser Krisenzeit gebraucht.« Ob sie ihn da nicht auch verachtet hat? Sich bei der eigenen Frau auszuweinen, weil man Liebeskummer hat? Nein, Gertrud denkt, das zeige nur das Vertrauen, die tiefe Verbundenheit. Sie sagt etwas sehr Kluges: »Manchmal in solch einer langen Ehe muss man darauf verzichten, die Geliebte zu sein, stattdessen ist man Mutter. Aber das ist man nur vorübergehend, wenn das Grundvertrauen da ist – und das kann sich wiederum einrenken. Man darf sich nur nicht den Psychologen anvertrauen. Ich habe das kurz versucht, das war ganz schlecht, weil die junge Frau mir dauernd erzählt hat, dass ich nur mehr die »Mutter« bin, und sie sah darin das Ende meiner Ehe. Sie redete so formelhaft. Ich weiß aber jetzt, dass es immer wieder anders kommen kann, bei jedem verschieden – das hat sie nicht kapiert.«

Was sagen die beiden Männer zu den Spuren dieser kritischen Situationen ihrer Ehe?

Eigentlich: Nichts!

Robert findet, dass man darüber jetzt wirklich nicht mehr nachdenken soll; Paul sagt, dass er seiner Frau sehr dankbar ist, er wäre damals auch beruflich überfordert gewesen, so etwas könne er sich gar nicht mehr vorstellen – es sei wirklich gut jetzt, und das schon seit langem.

Gibt es noch andere Defizite, die man in einer langen Ehe verkraften muss? Natürlich, ganz viele, das meinen alle, wenn man sie fragt.

Armin, dessen Frau Grete sich nicht gut arrangieren kann mit seiner Krankheit und all den Veränderungen, würde trotzdem nie sagen, dass seine Ehe nicht gut war. Ja: nicht gut IST. Nein, Gretes jetzige Stimmung der Depression und des Kummers versteht er, es geht ihm ja auch nicht viel besser. Und trotzdem: Es gibt natürlich auch sehr schöne Stunden, wenn sie mit dem Hund an der Seite friedlich vor dem Fernseher sitzen, ein Glas Wein trinken und über die Vergangenheit sprechen. Dann kann es vorkommen, dass ihre Traurigkeit abfällt; sie reden über die Kinder und Enkel, freuen sich über deren Begabungen, und es kann sein »wie früher«. Nur die Zukunft: Die sehen sie beide wirklich nicht als schön vor sich. Was soll da noch kommen? Doch nur Schlechtes!

Auch wenn es nicht böse Krankheiten sind, die ein Paar heimsuchen: Es genügt das Nachlassen der Kräfte, des sexuellen Verlangens und der Potenz – alles kann die Situation verändern und alles kann besser oder schlechter gehandhabt werden.

Was es dazu braucht?

Distanz, Distanz, Distanz.

Distanz von sich selbst, Distanz von Normen, Distanz von Illusionen, Distanz vom Partner oder der Partnerin.

Distanz von sich selbst: Das ist das Schwierigste. Sich nicht als Mittelpunkt des Alls zu sehen – diese Einsicht scheint zwar jeder vernünftige Mensch zu haben. Aber danach leben und fühlen? Das ist eines der schwer zu erlernenden Kapitel des Lebens. Hat man es aber erlernt, dann gelingen viele Aufgaben, die das Leben stellt – auch das gute Leben in der Partnerschaft.

Lieben wir uns noch? – Die Liebe bewahren

Kein Thema stiftet mehr Verwirrung als die Frage, was denn in einer langjährigen Partnerschaft die »Liebe« bedeute. Dass die Zeit der Verliebtheit längst vorbei ist – das braucht man nicht zu betonen. Auch hört man sehr oft, dass es kein sexuelles Begehren mehr gäbe. Dies ist allerdings recht unterschiedlich. Ebenso selbstverständlich scheint vielen, dass man sich nicht mehr in der gleichen Weise an der Schönheit des anderen entzücken könne – obwohl es auch da Ausnahmen gibt, wie wir sehen werden.

Ich frage alte Menschen, wie sich die »Liebe« in ihrem Leben zeigt – wenn überhaupt.

»Manchmal, wenn ich nach Hause komme – und sei es nur von Weihnachtseinkäufen in der Stadt oder vom Friseur, und sie kommt mir entgegen mit diesem schönen Lachen: dann sehe ich sie so, als wären wir noch ganz jung. Ich habe das Gefühl, wir seien einfach immer, immer schon füreinander bestimmt gewesen – dann liebe ich sie. Aber natürlich kann ich dieses Gefühl längst nicht immer haben, und manchmal, wenn sie so sehr besorgt ist um unsere Gesundheit und mir in den Ohren liegt, ich müsse gesünder essen oder mehr Sport machen, dann finde ich ihre Augen hart und ihre Stimme grell. Ich weiß plötzlich nicht mehr, wie das ist: Sie zu lieben. Das tötet mein Gefühl und ich betrachte sie als eine alte, störrische Frau mit heruntergezogenen Mundwinkeln. Das geht hin und her – aber um nichts in der Welt wollte ich eine andere Frau haben, auch wenn sie den modernen Gesundheitsfimmel hat.«

Und eine Frauenstimme:

»Ja, ich kann das wohl sagen: Ich liebe ihn. Aber was das ist? Ich sehe manchmal sein Gesicht an, wenn er schläft – und es ist so lieb und rührend und ich weiß, dass er mich auch liebt, dass wir zusammengehören. Wir haben uns übrigens zusammengerauft, unsere Ehe war in den mittleren Jahren am Zerbrechen. Er ist nie zu Hause gewesen, wenn er da war, war er nervös und unzufrieden. Ich habe schon gewusst, warum: Weil das Geschäft nicht so lief wie er wollte und die Kinder ihn belastet haben – das war wirklich eine schlimme Zeit. Ich hatte überhaupt keine Gefühle mehr für ihn, habe mich auch gar nicht um ihn bemüht. Aber dann, als alles besser lief, als wir entspannt in die Zukunft schauen konnten – da wurde es immer schöner und ich habe mich wieder daran erinnert, wie wunderbar die allererste Zeit war. So ist dieses Gefühl »Wir sind eins« wieder gekommen. Und das, scheint mir, ist verbunden mit Liebe: Wir gehören zusammen.«

Eine andere Frau erzählt, dass sie sogar einmal weggelaufen sei, sie habe 14 Tage bei einer Freundin übernachtet, weil ihr Mann so ungerecht zu ihr gewesen sei. Damals habe der Sohn große Schwierigkeiten gemacht, habe das Abi schmeißen wollen und ihr Mann habe alles ihr angelastet, sich gedrückt vor aller Verantwortung – es seien grässliche Streitszenen gewesen. Sie erinnert sich noch gut daran, dass sie sich damals immer wieder gesagt habe: Der Mann, den ich geliebt habe – den gibt es gar nicht mehr. Er ist nicht der »moralisch Integre«, als den ich ihn gesehen habe. Und dann sei er bei ihrer Freundin erschienen, habe ihr erzählt, wie sehr er diese ganze Zeit gelitten habe, sei so ehrlich und offen gewesen wie schon lange nicht. Plötzlich habe sie ihn wieder erkannt als den weichen jungen Mann, der er früher gewesen sei. Und dieses Gefühl sei nie mehr verschwunden. Sie wisse jetzt, was »Liebe« sei und im Übrigen habe sie gefühlt, dass auch er sie liebe. »Dieses Vertrauen, das plötzlich zwischen uns da war – das ist nie mehr ganz verschwunden. Unsere Streitigkeiten haben danach anders ausgesehen.«

Offenbar spielt bei der Altersliebe viel Unterschiedliches eine Rolle: die Erinnerung an frühere (schöne oder schwere) Zeiten, die man gemeinsam erlebt hat, das Gefühl: »Ich bin ihm (ihr) die (der) Wichtigste«, das Wissen darum, dass man vermutlich nicht mehr gar so viel Zeit hat, um Gemeinsamkeiten zu erleben und die Zuversicht, dass man »trotz allem« zusammenbleiben wird. Oft kann man es nur schwer sagen und begründen, weshalb und ob man einander »in Liebe« zugetan ist, weil man immer wieder versucht ist, die Liebe zum alten Partner mit der jugendlichen Verliebtheit und all den damit verbundenen Illusionen zu verwechseln. Dieser Punkt ist für manche Paare ein bedeutendes Thema.

Mathis wird unsicher, wenn er zum Wort »Liebe« etwas assoziieren soll. »Ja, das hat wohl mit Linda zu tun. Die hat meine Liebe ›errungen‹, könnte man sagen. Ich wollte erst gar nichts wissen von Bindung und Ehe und Familie, eigentlich wollte ich mich nur mit dieser hübschen und lustigen Frau vergnügen. Wenn sie mich anrief, dann hatte ich oft das Gefühl: ›Ha, jetzt wirst du gekapert‹, und ich erfand eine Ausrede. Ich wollte sie nur sehen, wenn ich das wollte – aber zu meiner Entschuldigung muss ich sagen, dass ich erst Anfang 20 war. Linda ist zwei Jahre älter, aber das hat schon etwas ausgemacht. Sie hat nicht locker gelassen. Eigentlich verstehe ich das nicht, denn ich war wirklich schwierig. Aber diese freundliche Beharrlichkeit, mit der sie mir versichert hat, dass sie mich liebt und warten könne, bis ich sie auch liebe ... das hat mich irgendwie fasziniert. Und dabei war sie wirklich recht begehrt in unserem Kreis. Ich war in einer Turner-Verbindung sehr aktiv, Linda auch – also haben wir uns auch auf einer kameradschaftlich-freundschaftlichen Ebene getroffen. Das ging eigentlich immer so hin und her, Linda aber blieb konstant und meinte, ich würde sie auch lieben, nur wüsste ich das nicht. Und wenn ich zurückdenke, dann verstehe ich mich selbst natürlich nicht mehr – welcher Idiot war ich doch! Denn natürlich habe ich sie geliebt – und zwar genau deshalb: Weil sie immer weiß, was sie will, und das auch vertritt. Das hat sich schon viele Male bewährt. Und einmal passierte das, was natürlich schon längst hätte passieren müssen: Einer der Kollegen fing an, ihr den Hof zu machen, sie dauernd einzuladen, er war wirklich verliebt in sie. Und sie ist damit gleich zu mir gekommen und hat mir gesagt, dass sie zwar meint, mich immer noch zu lieben, aber manchmal seien ihr in der letzten Zeit Zweifel gekommen. Und diese Szene – ich sehe sie vor mir, in einem roten Badeanzug, sie war so schön und begehrenswert anzusehen und sie war ganz, ganz ernst. Es hatte sich so ergeben, als wir gerade unser Schwimmfest hatten, plötzlich waren wir alleine beim Bassin, die anderen waren bei den Würstchen-Buden. Da habe ich plötzlich begriffen, was das heißt: lieben. Diese Szene hat mich nie mehr vergessen lassen, was ich an ihr habe: ein festes Fundament, da kann nichts dazwischen kommen, wenn ich nur auch mithelfe, dieses Fundament zu halten. Dieses

Gefühl, dass sie immer zu mir halten wird – das füllt mich mit Liebe aus.«

Hanne erklärt mir, was für sie eigentlich das Wichtigste am Erhalt ihrer Liebe zu Sven war:

»Sven war so voller Ideen, als ich ihn kennen lernte. Er ist – ja, was ist er? Ein Allround-Künstler, könnte man sagen. Er hat gemalt, hat Musik gemacht, war ungemein geschickt als Kunsthandwerker und hat einige kleine technische Erfindungen gemacht. Daneben hat er noch ein Studium der Kunstgeschichte absolviert, auch da war er sofort einer der Besten und wurde von seinem Professor gefragt, ob er nicht promovieren wolle. Das alles hat mich sehr beeindruckt, ich habe mich als Frau eines Genies gesehen. Dass er nicht so richtig ins Arbeitsleben hinein gefunden hat – es gab immer Probleme mit den Arbeitgebern – das habe ich zuerst dem Unverständnis dieser spießigen Leute zugeschrieben. Genies sind halt so … Schließlich habe ich als Gymnasiallehrerin genug verdient, auch als die Kinder kamen. Sven machte sich selbständig mit Projekten – immer wieder neue, ehrlich gesagt, sie kommen mir schon alle durcheinander. Verdient hat er selten genug. Als er sich schließlich einfach als frei schaffender Musiker niederließ, wurde ich dann doch etwas kritischer. Wir hatten viele Freunde im Künstlermilieu – langsam begann ich zu vergleichen. Na ja, ich wurde auch hellhörig: Was die anderen Künstler über Svens Kunst dachten, war nicht immer schmeichelhaft, das konnte ich nicht überhören. Es hat eine Zeit gegeben, da habe ich ihn verachtet, anders kann ich es gar nicht sagen. Plötzlich war er ein verkanntes und vergammeltes Genie, also natürlich hielt ich ihn überhaupt nicht mehr für ein Genie, sondern nur noch für bequem, unfähig, sich in die Arbeitswelt einzufügen. Seine so genannte Kunst habe ich innerlich und oft auch nach außen hin abgewertet, verspottet. Dass er ein sorgsamer Vater war und ist, das habe ich nie als etwas Besonderes zur Kenntnis genommen, auch nicht, dass er für unser Alltagsleben viel getan hat mit seinen immer wachen Ideen und Kontakten. Das alles änderte sich mit meiner schweren Krebserkrankung. Ich kann darüber gar nicht viel reden, sonst fange ich zu weinen an. Er war eine solch große Hilfe, ich denke, es ist nicht übertrieben zu sagen, dass er mir das Leben gerettet hat. Immer voll Liebe und Trost, immer zukunftsoffen, obwohl ich auch seine Angst spüren konnte. Die haben wir damals geteilt. Seither habe ich mich von der Idee, ich sei die ›Ehefrau eines Genies‹ getrennt, weil ich das überhaupt nicht mehr für wichtig halte. Ich sehe noch immer, dass er ein innerlich reicher Mensch ist, der sich gerne in Neuem versucht, viele Begabungen hat, aber auch Begrenzungen. Diese Lebendigkeit, die Fantasie, die Liebenswürdigkeit, die ihn zu einem solch begehrten Freund macht – all das kann ich anerkennen. Und ehrlich gesagt: Ihn als eine solche Überbegabung zu sehen, das hat ja vor allem meiner Eitelkeit gedient. ›Frau des Genies‹, in Memoiren erwähnt ... Welcher Blödsinn!«

Hanne spricht hier etwas aus, das sicher in vielen Beziehungen eine Rolle spielt: Man stülpt dem anderen illusionäre Werte über, von denen man selbst profitieren will. Man ist selbst wertvoller, wenn man von einem »Genie« geliebt wird oder von einem »vollkommen integren Menschen« und was dergleichen Illusionen noch sind. Dies zu durchschauen und zu überwinden: Das ist eine wichtige Kunst, die man im Partnerleben braucht. Erst dann kann man die realen Werte sehen und sich damit begnügen, so wie Hanne es beschreibt.

Um das, was man »Liebe« nennt, gegen die Desillusionierung aufrecht zu erhalten, muss man von sich absehen können, Distanz halten von den eigenen Eitelkeiten. Die Person des anderen ohne den Glanz der Überhöhung tritt schärfer ins Licht – und die Erkenntnis: »Trotzdem liebe ich ihn«, die erzeugt immer wieder einmal das Gefühl, das man mit Liebe assoziiert.

Wohl eines der schwierigsten Kapitel allerdings ist die Desillusionierung der Sicherheit, man sei »der/die Wichtigste« im Leben des anderen, wenn eine dritte Person dazwischen tritt. Das trifft das Selbstbewusstsein und die Grundbefindlichkeit am stärksten. Je nachdem, wie die Untreue des Partners gelebt und ausgelebt wird, wie sehr man das Gefühl haben kann, der Partner sei nun wirklich »weit weg« oder er sei »nur mal schnell ausgegangen«, wird dieses grundlegende Gefühl von Sicherheit, man werde geliebt, mehr oder weniger tangiert. War der andere »weit weg«, fällt das Vergessen schwer. Die Illusion, man sei für ihn unersetzbar, das Wichtigste in seinem Leben, kann für immer zerstört werden. Das muss die Liebe nicht töten, wenn sich alles eingerenkt hat – aber man wird vorsichtig. Die »Täter« (männlich wie weiblich) machen sich das oft nicht klar; sie finden oft recht bald wieder zu ihrem alten Leben zurück und bemerken den Riss nicht. Viele alte Beziehungen haben einen solchen Riss zu verkraften. Für den Gekränkten ist es manchmal sogar eine heilsame Lehre, sich klar zu machen, dass man nicht immer »der Wichtigste« sein kann.

Viele Menschen, die in langjährigen Beziehungen leben, betonen, dass sie sich ein Leben ohne den Partner (die Partnerin) nicht vorstellen könnten, dass eben – allen Schwierigkeiten zum Trotz – nur »dieser eine« denkbar sei.

Auch dies ist natürlich eine Illusion, aber vielleicht sollte man darüber gar nicht so viel nachdenken.

Denn welche Biografie kann auskommen ohne Umdeutungen, Umschreibungen und Verdeckung mancher Unliebsamkeiten? Dies gilt auch für die »Liebesbiografie«. Es gibt Dinge in fast jeder Partnerschaft, die wenig schön sind, die man in sehr verschiedenem Licht betrachten kann. Verzeihen ist nicht gleichzusetzen mit Vergessen, aber Vergessen ist oft verbunden mit Umdeutungen. Ein Paar, das bereit ist, dieses Zwischenland zwischen Verzeihen, Vergessen und Umschreiben zu betreten – ein solches Paar ist wohl durch Liebe verbunden. Das aber bedeutet, dass man sich noch immer aneinander und miteinander freuen kann, wohl eine der wichtigsten Ingredienzien der Liebe.

»Ich kenne ihn durch und durch« – diese Aussage, manchmal von Frauen getätigt, scheint mir das Gegenteil von Liebe. Zuzugeben, dass man den Partner eben nie »ganz« kennen kann, dass es immer wieder Überraschungen geben kann im Liebesleben, das gehört zum Basiswissen der Liebe. Es gehört auch zum Geheimnis der Liebe, sie nie ganz ergründen zu können.

Gertrud und Paul –
Ein ungewöhnliches Paar

Gertrud und Paul haben in vielerlei Hinsicht ein bewegtes und außergewöhnliches Beziehungsleben geführt. In vielen Dingen ist ihre Geschichte aber auch symptomatisch für eine Ehe, die von den Wirren im Nachkriegsdeutschland und den gesellschaftlichen Umwälzungen in den 60er Jahren geprägt ist. Die Entwicklung, die ein Paarleben durchlaufen kann und die Konstanten, die sich trotz aller Widrigkeiten halten können, werden in Gertrud und Pauls Geschichte auf sehr spannende Weise deutlich, deswegen möchte ich den beiden ein ausführliches Kapitel widmen.

Nichts, außer dem Tod, kann die beiden nunmehr trennen – das sagen sie einmütig. Die beiden sind seit 1961 verheiratet. Gertrud ist 1940 geboren, Paul 1938. Sie sind also Kriegs- und Nachkriegskinder, aufgewachsen mit der Dauerfrage: Werden wir heute genug zu essen haben? Gibt es vielleicht sogar Obst zu kaufen? Ihre Kinder lachen, wenn Gertrud auch noch die härtesten Brotrinden aufhebt und ein übrig gebliebenes Eiklar lieber im Kühlschrank vertrocknen lässt, als es wegzuwerfen. Da sitzt die Vergangenheit noch in ihr.

Obwohl beide sehr jung waren, als der Krieg zu Ende ging, so ist dieser als ein gemeinsamer Anker in ihren Erinnerungen doch wichtig. Mehr als einmal hat Paul erklärt, er könne sich keine Partnerin vorstellen, die den Krieg und alle seine Folgen nicht erlebt habe. »Das historische Alter muss stimmen«, sagt er und meint, dass es kollektive Erfahrungen sind, die man teilen muss – den Krieg, die Nazizeit, den Hunger, die Besetzung ihrer Heimatstadt durch die Amerikaner. Die beiden reden sehr oft über diese Zeiten, sie reden über die Haltung ihrer Eltern und darüber, was sie selbst wohl – erwachsen geworden – damals gedacht und gemacht hätten.

In Gertruds sehr katholischem Elternhaus hatte man Hitler und die Nazis gehasst, ihrem Vater war sogar als »politisch unzuverlässig« der Rechtsanwaltstitel entzogen worden, worauf er als Vertreter für Bürowaren sein Geld verdienen musste. Dass er nicht in den Krieg ziehen musste, verdankte er schließlich seiner Sehschwäche und so hat er immer wieder betont, er habe trotz allem »Glück« gehabt. Diese »Sehschwäche« war zwar wirklich vorhanden, aber ein Gesinnungsfreund bei der Militärbehörde hatte »aus Versehen?« einen stärkeren Dioptrien-Grad in das Attest hineingeschrieben. Ja, solch ein Versehen kann es geben, und es kann lebensrettend sein. In Gertruds Elternhaus jubelte man, als der Krieg zu Ende war, die Nachkriegsmisere trug man mit Leichtigkeit, weil man einfach nur glücklich war, dass die Diktatur nicht gesiegt hatte. Der Vater wurde wieder Rechtsanwalt, Gertrud und die noch knapp vor dem Kriegsende geborenen Zwillingsschwestern konnten sich sicher fühlen. Gertrud hätte eine ruhige Kindheit haben können: Ihr Haus war stehen geblieben, keiner der nächsten Verwandten war im Krieg geblieben, das Leben lief nach den ersten Wirrungen der Besatzung ruhig an. Nur die neugeborenen Zwillingsschwestern trübten Gertruds Wohlbehagen, es wurde allzu viel Theater um die beiden schwächlichen Mädchen gemacht. Gertrud fühlte sich ihrer Prinzessinnenposition enthoben. Wie wunderbar, dass genau in diesem Moment Paul auftauchte, der so viel reifere und gescheite Paul, der, zwei Klassen über ihr, von vielen Mädchen angeschwärmt wurde.

Die Eltern hatten zur damaligen Zeit viel am Hals: drei ewig streitende Kinder, die Mühen mit dem Aufbau der Rechtsanwaltspraxis, wobei die Mutter eine Bürokraft ersetzte, und dazu noch die Sorge um die jüngere Zwillingsschwester, die unter starker Anämie litt.

Dass Gertrud nun so oft wegging (von den Zwillingen höhnisch kommentiert), wurde nicht weiter als Problem angesehen, wusste man doch, dass die Eltern von Paul nette und anständige Leute waren. Der Vater war Bahnhofsvorstand, nicht reich natürlich, aber alles war geordnet. Allerdings wusste man auch, dass die Familie sich in der Nazizeit nicht gerade als widerständig erwiesen hatte. Große Nazis waren sie zwar nicht gewesen – allerdings, so erzählte Gertruds Vater oft, erinnere er sich noch recht gut an das Parteiabzeichen am Revers des Herrn Bahnhofsvorstandes, und brav mit »Heil Hitler« hatte er auch gegrüßt. Geschadet aber hatte er niemandem.

Nun also Paul und Gertrud – warum nicht? Gertrud war überwältigt, so ganz konnte sie das noch gar nicht fassen. Paul schrieb wunderbar romantische Briefe und Gedichte.

Paul war offensichtlich ganz und gar verliebt in Gertrud. Zum höhnischen Vergnügen der Zwillinge stand er sogar nachts einmal vor Gertruds Haus und spielte auf seiner Gitarre ein Ständchen. Das war übrigens Gertrud dann doch peinlich, so etwas machte man auch damals eigentlich nicht mehr. Blumen, lange selbst verfasste Gedichte – so ganz konnte sie das gar noch nicht mitempfinden, es war zu viel.

Und es war auch zu viel, als Paul sie küsste, und es war auch zu viel, als er noch mehr wollte – aber da waren daheim schon böse Wolken aufgezogen, und es ging nicht nur um die bösen Zwillinge, sondern um eine als »Tante« in die Familie eingeführte hübsche blonde Frau, die den Kindern Französischunterricht geben sollte.

Das Leben daheim wurde nun gequält: stumm die Eltern, zänkischer denn je die Zwillinge, und Gertrud blieb der Familie fern, wann immer es ging. Pauls Familie freute sich über die kleine und sehr hübsche, gut erzogene Anwaltstochter, die ihr Sohn heimbrachte. Sie waren wirklich noch sehr kindlich, Gertrud spielte stundenlang mit dem kleinen Hund und wünschte sich auch einen.

Gertrud war gerade einmal 15, als sie merkte, dass etwas nicht in Ordnung war, und sie ahnte, was es war: Eine Schrecklichkeit, ein unglaublicher Skandal – sie war schwanger.

Was war zu tun?

Die beiden versuchten zuerst alleine damit zurechtzukommen: Heiße Bäder, Chinin schlucken, vom Schrank springen – nichts half, man musste es den Eltern sagen.

Skandal hin, Skandal her: In diesem Moment rückten die Elternpaare zusammen, und auch Gertruds Vater, der nur mehr halb daheim wohnte, erwies sich als hilfreich.

Es gibt drei Möglichkeiten, sagte die energische Mutter von Paul: Ihr könnt abtreiben, da kann ich euch helfen, aber ich tue es ungern. Ihr könnt das Kind haben, und ich werde mich darum kümmern (Gertruds Mutter meinte dasselbe), oder ihr könnt es zur Adoption freigeben. Heiraten wäre in euren jungen Jahren vielleicht noch nicht angebracht.

Und so wurden Gertrud und Paul in kurzer Zeit sehr viel älter, als sie tatsächlich waren. Elena wurde geboren, wuchs abwechselnd bei den Eltern von Paul oder Gertrud auf, und die vielen Klatschmäuler wurden durch die Selbstverständlichkeit, mit der die Familien mit ihrem Problem umgingen, bald still. Niemand gab den beiden aber als Paar eine Chance: Wie sollten solche Kinder denn auch richtig wählen können?

Die »Kinder« machten ihre Schule zu Ende, Paul ging an die Uni, und die kleine Elena entwickelte sich so normal wie viele Kinder. Na ja, darüber waren sich aber alle einig: Ohne die Hilfe der beiden Eltern wär's nicht gegangen.

Tatsächlich, Gertrud hatte ein gutes Abitur geschafft und ging nun an eine Fachschule für Sozialarbeit, die lag in der Nähe, und sie konnte jederzeit heimkommen. Sozialwissenschaften – das kam ihrem eigentlichen Wunschberuf der Ärztin nahe. Aber das aufreibende Medizinstudium konnte sie doch nicht absolvieren – zumindest jetzt noch nicht, solange Elena noch klein war und die Mutter brauchte.

War sie das wirklich – eine Mutter? Sie geriet bei dieser Frage ins Schlingern. Und Paul?

Paul erwies sich als beständig. Er studierte sehr eifrig Medizin an einer in der Nähe gelegenen Universität, verdiente nebenbei noch etwas Geld mit Nachhilfestunden und war an jedem Wochenende, an dem es ihm möglich war, daheim und kümmerte sich sowohl um Elena als auch um Gertrud.

Für das Paar, für Elena und für die beiden Familien pendelte sich das Leben ein – besser, als man hätte denken können. Die »Französin« allerdings blieb auf der Strecke, und Gertruds Mutter war bei aller Aufregung dann auch dankbar, dass dieses Kind, wie sie oft dachte, ihre Ehe gerettet hatte.

Elena war sechs Jahre alt, als Gertrud und Paul heirateten. Er war einer der jüngsten Dr. med., die je an der Universität in N. promoviert hatten, Gertrud hatte ein respektables Diplom als Sozialarbeiterin (»Fürsorgerin« hieß das damals noch) heimgebracht. Paul bekam einen Assistenzvertrag an der Klinik. Gertrud arbeitete in der Säuglingsstation derselben Klinik als Sozialarbeiterin. Die beiden konnten auf diese Weise oft nach Hause fahren und die Eltern sowie Elena besuchen. Diese blieb einstweilen bei den Großeltern.

Elena war zehn Jahre alt, als Gertrud wieder schwanger wurde. Nun änderte sich das Leben nochmals. Elena wollte nicht mit nach N. ziehen, sie wollte bei den Großeltern bleiben – welche ihrer »Großis« die wichtigeren waren, konnte man nicht feststellen. Dass diese aber wichtiger waren als die leiblichen Eltern, war ganz klar.

Und dabei blieb es, nicht ohne schlechtes Gewissen auf Seiten von Gertrud und Paul. Aber: Was hätten sie tun können? Die beruflichen Chancen für beide waren in der Kleinstadt nicht besonders gut; in N. standen vor allem Paul alle Türen offen. Gertrud, die nicht weniger tüchtig und zäh war als Paul, hatte inzwischen ziemlich viel Verantwortung auf der Säuglingsstation, sie hatte – das bot sich ja förmlich an – eine viel besuchte Sprechstunde für ledige Mütter und schwangere Frauen eingerichtet und galt trotz ihrer Jugend als erfahren und vernünftig.

Und das innere Leben des Paares?

Man hatte den beiden wenig Chancen gegeben. Sollten sie nicht die Welt besser kennen lernen? Andere Partner treffen? Ein jugendgerechtes Leben führen? Wie würde das später aussehen? Würden sie einander Vorwürfe machen?

Nein! Die beiden waren ein Paar, das zueinander hielt, das sich nicht aufhalten ließ im Aufbau eines gemeinsamen

Lebens, das am Anfang solch dubiose Voraussetzungen geboten hatte. Gertrud hatte sich in der ersten Zeit, noch während der Schwangerschaft, von Paul vollkommen beschützt gefühlt, und dieses Gefühl hatte sie nie vergessen. Es war 1955 als 15-Jährige weiß Gott nicht leicht gewesen, mit dem dicken Bauch auf die Straße zu gehen – aber Paul war nicht von ihrer Seite gewichen, hatte allen Spott, alle Tuscheleien ziemlich souverän übergangen. Für Paul war es selbstverständlich, die Folgen seiner Liebe auch zu verantworten. So jung er war, hatte er doch nie daran gezweifelt, dass dies seine Pflicht war – und dass er Gertrud liebte wie eh und je.

Keine Versuchungen? Keine schöne Kommilitonin? Nein, Paul war ein guter Kamerad. Paul war vor allem ungemein fleißig und tüchtig und galt als zukünftiger Klinikchef oder Nobelpreisträger oder – ja, man konnte sich für ihn nur die höchsten Ehrungen ausdenken, so begabt und tüchtig wie er war. Das gab ihm bald eine Aura von Unnahbarkeit. Deshalb waren die Avancen, die ihm die Studentinnen machten, eher bescheiden. Bei Gertrud waren die Möglichkeiten beim anderen Geschlecht ebenfalls nicht sehr groß: Es gab fast nur weibliche Sozialarbeiterinnen an der Fachschule, und im Heimatstädtchen wusste ja jedermann Bescheid – da gab es auch keine Anwärter, obwohl Gertrud ein sehr hübsches Mädchen war.

Als Gertrud nun wieder schwanger war, konnten beide sich richtig freuen. Zwar hatten sie immer wieder ein schlechtes Gewissen, was Elena betraf, aber insgesamt sahen sie doch hoffnungsvoll in die Zukunft und vertrauten auf die netten Großeltern.

Auch die dritte Schwangerschaft – ein Junge – wurde mit Freuden begrüßt. Gertrud setzte mit der Arbeit, wie auch schon beim zweiten Kind, einige Zeit aus, aber die immer größer werdende Beratungsstelle, die sie inzwischen aufgebaut hatte, wollte sie nicht verlassen. Gertrud war auf ihrem Gebiet so erfolgreich wie Paul auf dem seinigen – ihr Ruf verbreitete sich, bald wurden mehr Mittel bewilligt, sie stellte nun Mitarbeiter ein und war »Chefin«.

Das Paar lebte mit zwei Kindern (ein Mädchen, ein Junge) recht behaglich und ausgeglichen. Man arbeitete allerdings sehr viel, vielleicht zu viel? Manchmal sah man sich nur an den (späten) Abenden. Im Übrigen wartete man auf die Wochenenden, damit man als Familie etwas gemeinsam unternehmen konnte. Das beinhaltete natürlich auch Besuche bei den Eltern und bei Elena – aber diese betrachtete ihre leiblichen Eltern offenbar eher wie Geschwister und blieb oft lieber bei den »Großis« oder ging später mit Freundinnen weg.

Da bekam Paul ein äußerst gut dotiertes Angebot in einer weiter entfernt liegenden Stadt. Nach längerem Überlegen nahmen die beiden an – Gertrud mit schwerem Herzen. Würde sie je wieder eine Stelle finden, die ihr so viele Chancen bot wie ihre Beratungsstelle? Paul war besorgt, er wusste, wie viel Gertrud seinetwegen aufgab, aber andererseits – das Geld, die guten Chancen – Gertrud willigte ein, und recht bedacht fand sie neue Herausforderungen auch ganz gut.

Die Kinder wuchsen erfreulich heran, sie waren noch klein genug, man konnte sie ohne große Probleme in eine andere Stadt versetzen. Nur: Elena? – Mit ihr musste man sprechen. Sie war nun 15 Jahre alt, mitten in einer offenbar schwierigen Phase, in der ihre Schulleistungen gesunken und die Versetzung bedroht war. Eltern und Großeltern waren ziemlich unglücklich. Bis jetzt war alles so gut gegangen. Sollte es sich nun doch rächen, dass mit Elena nicht alles stromlinienförmig verlaufen war? Selbst in der Kleinstadt hatte man schon von Studentenkrawallen und Schülerprotesten gehört, allerdings nahm man das alles mit Achselzucken zur Kenntnis – dummes junges Gemüse, sollen mal sehen, dass sie ordentlich arbeiten, die langen Haare, diese ungepflegten Mädchen … Wie kam es, dass gerade Elena, dieses doch recht behütete Kind offenbar alles, aber auch alles aufschnappte, was über diese neuen Moden zu erfahren war?

Sie schwänzte die Schule, sie ließ ihre Haare immer länger wachsen, sie gab freche Antworten, wenn man sie tadelte oder auch nur etwas fragte. Die Großeltern waren verzweifelt. Gertruds Vater, der Rechtsanwalt, hatte noch am ehesten Zugang zu ihr, aber auch seine Geduld riss, als sie beim Ladendiebstahl erwischt wurde. Welche Schande in der kleinen Stadt! Und natürlich gab es bald Gerede um die merkwürdigen Umstände ihrer Geburt. War sie doch geschädigt?

Gertrud und Paul mit ihren zwei Kleinkindern, beschäftigt mit den neuen beruflichen Anforderungen und dem Aufbau eines neuen Freundeskreises, waren ziemlich hilflos. Sie waren ja selbst noch jung, manche der protestierenden Studenten waren nicht viel jünger als die beiden – und nun sollten sie eine komplizierte 15-Jährige übernehmen und erziehen? Was sollte mit ihr geschehen? Die Großeltern schienen zu meinen, dass Elena nun zu den Eltern gehörte. Sie alle waren zwischen 60 und 70, ihrer Elternpflicht hatten sie mehr als Genüge getan. Das konnten Gertrud und Paul verstehen.

Elena zog zu den Eltern nach B., nicht ungern, weil sie

sich von der Universitätsstadt mehr Aufregung, mehr Drogen und weniger Kontrolle erhoffte.

So geriet das bisher wohlgeordnete Leben von Gertrud und Paul aus den Fugen. Die herzerfreuend normale und gesunde Entwicklung der Kleinen blieb etwas im Hintertreffen gegenüber den Dauersorgen, die man sich um Elena machte. Elena war Gesprächsthema am Morgen, am Mittag und am Abend: War sie gestern wirklich in die Schule gegangen? Sollte es einer nunmehr 16-Jährigen tatsächlich erlaubt sein, bis elf Uhr von daheim weg zu bleiben? Und das Problematischste: Sie wollte mit Freundinnen in ein besetztes Haus ziehen – warum? Ach, um gegen den Staat zu demonstrieren ... um die Ungerechtigkeit der Welt anzuprangern, die grässlichen Bedingungen im Knast, den Krieg in Vietnam, den Kapitalismus ...

Paul und Gertrud sahen sich in eine Ecke gedrängt, in die sie nie gehört hatten: Spießige Kleinbürger, reaktionär, vielleicht sogar »rechts«, ja »faschistisch«?

Es ging oft heiß her in der Familie, Gertrud und Paul wurden aus ihrer wohlgeordneten Bahn geworfen, auch aus der Bahn ihrer Ehe. Gertrud, die nun in der Kinder- und Jugendpsychiatrie arbeitete (auch dort übernahm sie bald Leitungsfunktionen), hatte mehr Verständnis. Paul fand, sie sei viel zu lässig und schob gerne ihr die Schuld in die Schuhe, wenn Elena wieder einmal schlaftrunken, mit schludrigen Jeans und nur halb zugebundenen Turnschuhen in die Schule schlurfte. Gertrud fand, dass dies heute die »Uniform« der Jugendlichen sei, sie kenne schließlich das Milieu recht gut. Dass Elena keine harten Drogen nehme, dafür verbürge sie sich, das sähe anders aus.

Also: Nur Pubertät? Oder doch das Abrutschen in eine kriminelle Szene? Die Schulleistungen waren bedenklich gesunken, die Versetzung nicht gesichert. Paul tobte, während Elena zu beruhigen suchte.

Paul ertrank in Arbeit. Er hatte sich um eine Stellung als Klinikchef beworben, es gab Kämpfe darum – politische und fachliche. Paul, dem eigentlich nur die Wissenschaft am Herzen lag, sah sich hineingezogen in einen Strudel von Intrigen.

Er war politisch immer ziemlich desinteressiert gewesen, hatte brav bei den Sozialdemokraten sein Kreuzchen gemacht, war mit Gewerkschaftlern und Betriebsräten gut ausgekommen (»die müsste man erfinden, wenn es sie nicht gäbe«) – aber die tieferen Ursachen der jetzigen Eruptionen waren ihm fremd.

Dieses Bild veränderte sich plötzlich ziemlich schnell, Gertrud konnte sich zuerst nur wundern. Auf einmal schien Paul mit Elena gar nicht mehr so unzufrieden. Sie treffe mit ihren Protesten schon ein Stück Realität, man könne eigentlich nichts dagegen haben, wenn sie in ein besetztes Haus zöge – natürlich vorausgesetzt, sie bleibe bei ihrem Plan, Abi zu machen. Gertrud wunderte sich, nun übernahm sie die Rolle der Anklägerin, und diese neue Rolle verunsicherte sie enorm. Was war geschehen?

Paul hatte die begehrte Stelle nicht bekommen, die Vertreter der Assistenzärzte hatten sich durchgesetzt. Paul galt als »zu liberal«, das war ein Schimpfwort. Aber diese fiese Intrige konnte doch nichts zu tun haben mit seinem sehr plötzlichen Sinneswandel?

Nun, Gertrud brauchte nicht lange, um herauszufinden, warum Paul nun noch sehr viel öfter als sonst spät abends erst heimkam, zu Kongressen verreiste und den Problemen mit Elena gegenüber nur lauwarm Stellung bezog. »Lass sie ausziehen, sie wird schon wieder zurückkommen«, sagte er nur, und Elena, nun 17 Jahre alt, schulterte ihre Matratze und zog in ein besetztes Haus.

Paul aber »gestand« auf Gertruds dringendes und misstrauisches Befragen hin: Ja, es gäbe jemanden, eine sehr junge Ärztin, eigentlich noch im praktischen Jahr, aber enorm gescheit. Er wünsche sich mehr Distanz und Freiheit, ihre Ehe sei festgefahren. Es endete damit, dass Paul auszog, um »zu sich zu finden«.

Elena, wenn sie daheim war, sah dem Ganzen mit einem gewissen Vergnügen zu, das konnte man deutlich merken. Auf dem Schreibtisch von Paul fand Gertrud ein schön gemaltes Plakat: »Lebe wild, lebe gefährlich«. Das hatte Elena ihrem Vater hingestellt.

Gertrud wollte auf keinen Fall, dass die Kleinen allzu sehr behelligt wurden. Als Sarah, die Ältere, einmal fragte: »Aber ihr lasst euch nicht scheiden so wie die Eltern von Kerstin?«, da versprach sie ihr, dass dies nicht passieren werde.

Viel später sagte sie, daraufhin befragt: Sie sei eigentlich immer sicher gewesen, dass Paul vernünftig werde. Sie habe sich natürlich nach dieser »enorm gescheiten« Kollegin erkundigt, sie auch gesehen. Sie sei bildhübsch und sexy gewesen, mit langen roten Haaren. Sie sei auf jeden Fall sehr hysterisch und verführerisch aufgetreten. Man habe sie ihr auch so beschrieben: exaltiert, laut, von Stimmung zu Stimmung schwankend.

Paul schien um sie zu kämpfen, es gab Streitigkeiten zwischen ihm und der jungen Frau, und erstaunlicherweise kam er immer öfter zu Gertrud, um sich auszuweinen. Gertrud hatte das Gefühl, nun auch noch die Mutter eines geistig pubertären Mannes zu sein. Sie nahm aber das Leben mit all seinen Verrücktheiten wie es kam.

Die Geliebte versuchte nun, ihn der Familie abspenstig zu machen, sie wollte heiraten. Das aber kam für Paul nicht infrage.

Gertrud sah, wie ihr Mann litt, er hatte mindestens zehn Kilo abgenommen, sah furchtbar aus, und sie hatte Angst um ihn. Noch immer glaubte sie aber daran, dass Paul zu ihr zurückfinden würde. Ihr Glaube wurde jedoch kurze Zeit später erschüttert: Paul verschwand, hinterließ eine Notiz, er müsse sich »erholen«. In der Klinik hatte er sich als krank abgemeldet, und auch die Geliebte war nicht mehr aufzufinden.

Da bekam Gertrud wirklich Angst: Was geschah da? Paul meldete sich nicht, war er vielleicht endgültig abgehauen vom häuslichen Unruheherd? Denn Unruhe gab es noch immer mehr als genug: Elena dachte gar nicht mehr daran, zur Schule zu gehen. Sie hatte sich, zumindest ihren Aussprüchen nach, radikalisiert und bewunderte die RAF. Auch die Kleinen ließen sich nun nicht mehr so leicht beruhigen: Wann kam Papi wieder? Was machte er? Gertrud lebte nun nur mehr mit halbem Bewusstsein, immer darauf bedacht, Ordnung in den Alltag zu bringen. Wenn sie ehrlich war: Sie war froh, wenn Elena sich nicht meldete, die »Lebe wild, lebe gefährlich«-Ermunterung für den Vater konnte sie nicht so leicht vergessen.

Gertrud hatte zwei gute Freundinnen, das gab ihr Halt. Beide kannten die Verhältnisse sehr gut und halfen Gertrud, so gut sie konnten.

Paul kam zurück, fünf Tage waren es gewesen, doch er sah aus, als wären fünf Jahre vergangen. Seine Geliebte hatte sich das Leben genommen. Vermutlich hatte sie es nicht wirklich gewollt, es sollte ein Warnschuss sein: Wenn er sie nicht heirate, seine Familie nicht verlasse, dann …

Aber sie hatte zu viele Medikamente genommen, er hatte es zu spät gemerkt – und nun saß er da mit seinem kaputten Leben und wusste nicht mehr ein und aus.

Es gab aber einen Deus ex Machina – nur so hatte Gertrud es damals wahrnehmen können – eine längst vergessene und von den Geschehnissen überspülte Einladung in die USA war plötzlich zur Realisierung gelangt. Man wollte Paul sofort – ein Forschungsprojekt brauchte einen neuen Leiter, weil der alte verstorben war. Das war die Chance für Paul, und es war auch die Chance für einen Neuanfang.

Und Elena? Sie weigerte sich kategorisch. In den Rachen des Imperialismus/Kapitalismus, ins reaktionäre Amerika, konnten nur ihre blinden Eltern gehen.

Gertrud war entschlossen, in die USA überzusiedeln. Ihre Ehe wäre weit weg von den Problemen in den USA am besten aufgehoben – und dass sie ihre Ehe auch um der Kleinen willen retten wollte, war klar.

Sie war zwischendurch sehr wütend gewesen auf ihren Gefährten, sah in ihm gar nicht mehr den starken Mann, den besonnenen und fürsorglichen Ehemann und Vater, sondern nur mehr ein dummes Kind. Aber dieses Kind tat ihr auch leid, sie konnte den tapferen Jungen aus der höheren Klasse, der mit ihr das Baby gewickelt hatte und allen Spott der Kameraden so kategorisch und souverän abgewehrt hatte, nicht vergessen. Sie waren zusammengeschweißt – das hielt, das musste halten. Sie würde dieses sich anbahnende neue Vertrauen, das sich nach der Affäre entwickelte, nicht wegen eines dummen und verwirrten 17-jährigen Mädchens aufs Spiel setzen. So sagte sie Elena klipp und klar: »Du kannst bleiben, wenn du unbedingt willst, wir zahlen dir ein wenig Taschengeld. Den Rest musst du selbst verdienen, wenn du nicht mehr zur Schule gehen willst.« Nun wurde Elena doch schwankend. Na ja, in Palo Alto sollte ja eine Menge los sein (Gertrud hoffte sehr, dass dies nicht der Fall wäre), man könnte es ja mal probehalber versuchen ... Die Amis aufmischen sei ja auch nicht schlecht.

Elena kam also mit, maulend, mit meist schlechter Laune und Gertrud gestand sich ein, dass es ihr gar nicht so recht war. Sie hätte das neue Leben in den USA (drei Jahre waren geplant, es wurden fünf) gerne ohne die dauernden Unruhen eingerichtet. Denn Gertrud war sicher: Es würde ihnen gelingen, es würde ein Neu-Anfang sein, in vielerlei Hinsicht.

Zielsicher betrat Gertrud die neue Bühne: Die wichtigste Rolle würde ihr gehören. Paul, da war sie sicher, würde sowohl als Wissenschaftler als auch in privaten Bezügen wieder zu sich selbst finden.

Sie sollte recht behalten: Paul wurde wieder der alte Paul, sie wurden wieder ein Paar und selbst die Sexualität, die im Laufe ihrer Krisenzeit blockiert gewesen war, lebte wieder auf.

Hat sie die Krise einander näher gebracht oder das Gegenteil bewirkt?

Das können weder Paul noch Gertrud so sicher sagen. Gertrud sieht Paul nun klarer. Sie versteht, dass er viel Jugend versäumt hat durch seine viel zu frühen Verpflichtungen, und dass er wohl ein Ventil gebraucht hat. Andererseits vergisst sie auch nicht, was er alles geleistet hat, dass dieser frühreife Jugendliche nicht nur eine Chimäre war, sondern wirklich viel Kraft hatte – und dass diese Kraft nicht erloschen ist.

Und Gertrud? Hat sie nie ihre getrübten Jugendjahre

»nachholen« müssen? Nein, Gertrud ist sicher kein leidenschaftlicher Mensch, der um eines Abenteuers willen den geraden Weg ihrer Ehe verlassen hätte.

Elena maulte sich in ihre neue Schule hinein. Diese Schule verlangte viel von den Jugendlichen, aber sie gab auch viel, und Elena hatte wenig Verbündete, wenn sie die amerikanischen Verhältnisse anklagte. Man bewies ihr, dass sie wenig Kenntnisse hatte, was sie beschämte. Jetzt zeigte sich, dass sie eben doch die Tochter ihrer klugen Eltern war: Sie begann ernsthaft zu lernen. Elena wandelte sich, und als sie einen Jungen, der den Eltern recht gut gefiel, nach Hause brachte, betrachtet man das Elena-Problem vorderhand als gelöst.

Es waren glückliche Jahre in den USA. Die Kinder akklimatisierten sich rasch. Immer wieder erstaunte es die Eltern, wie schnell und akzentfrei sie die Sprache lernten. Sie bestanden aber darauf, dass man daheim Deutsch sprach. An ein endgültiges Bleiben in Amerika war nicht gedacht. Natürlich hatte auch Gertrud wieder einmal eine Nische gefunden, in die sie mit ihrem Können hineinpasste. »Public health« – eine ganz neue Sache, später würde Gertrud dies auch in Deutschland publik machen.

Elenas Boyfriend erwies sich als ein sehr tüchtiger und zielstrebiger Mensch (er studierte Jura als einer der besten seines Jahrgangs), und er wollte Elena heiraten, so jung wie die beiden waren. Das ist in Amerika nun nicht unbedingt außergewöhnlich (beide waren nun Anfang 20), aber sehr begeistert waren Gertrud und Paul nicht.

Aber, und auch das hatten sie sich schon lange gestanden: Elena war den beiden weniger ans Herz gewachsen als die beiden Kleinen, und vor allem Gertrud hatte Elena ihre seltsame Parteinahme für Paul nie so ganz verzeihen können. Dass sie nun einen Kontinent weit weg leben würde – es war nicht ganz so schlimm. Sie studierte Psychologie und auch das schien ein guter Weg. Fred, dem Juristen, konnte man das früher so ungebärdige Kind vielleicht doch ganz gut anvertrauen?

In späteren Jahren sahen sie sich ziemlich oft: Elena besuchte europäische Kongresse, Fred, Elenas Ehemann, hatte so viel Deutsch gelernt, dass er sich bei den deutschen Verwandten wohlfühlen konnte und die Atmosphäre war ungetrübt. Trotzdem: Gertrud fühlte sich immer ein wenig angestrengt, wenn die amerikanische Familie da war, immer noch spürte sie eine leichte Furcht, dass Elena etwas Unangenehmes sagen würde.

Das Leben in B. wieder aufzunehmen war nicht schwierig. Zwar waren die Kinder, jetzt zehn und zwölf Jahre alt, zuerst recht unglücklich über die neuerliche Verpflanzung, aber Paul hatte beruflich die besten Möglichkeiten. Er leitete nun die Klinik, an der man ihm ursprünglich auf intrigante Art den Posten verwehrt hatte, er hatte viele Mitarbeiter, und in der Wissenschaft hatte er nun internationalen Erfolg.

Das Leben ging nun ein paar Jahre lang wirklich gut. Gertrud, die Starke und Tüchtige an seiner Seite, hatte ein neues Interesse entwickelt: Sie arbeitete nur noch halbtags und studierte an der Universität Kulturwissenschaften, ihr Schwerpunkt waren »Genderstudies«.

Paul freute sich darüber, wenngleich ihm das Wort »Genderstudies« wenig sagte. Als Naturwissenschaftler waren ihm solche Denkrichtungen sehr fremd, aber Gertrud schien völlig gefesselt. Sie hatte ein neues Thema gefunden, das wirkte sich auch auf ihr kulturelles Leben aus. Sie studierte nun Film- und Theaterbesprechungen (dafür hatte sie in den ersten Jahren wenig Zeit gehabt), nahm ihn ins Kino und Theater mit und diskutierte den Inhalt unter den Gesichtspunkten von Geschlechtsidentität. Paul hatte bisher wenig daran auszusetzen gehabt, dass es Männer und Frauen gab und dass diese ja ganz offensichtlich verschieden waren – was sollte daran schon problematisch sein? Von »sozialer Geschlechtsidentität« hatte er zuerst wenig gehalten, aber langsam fand auch er, dass man darüber diskutieren konnte. Das Leben blieb also bunt.

Für Gertrud bedeutete dieses Interesse einen neuen Blick auf sich selbst: Sie war eben nicht nur – wie sie lange Zeit geglaubt hatte – eine realitätstüchtige Organisatorin, sie wollte sich auch inspirieren lassen, anders zu denken. Gertrud fühlte sich sehr angeregt, jede Vorlesung, jedes Seminar gab erneut Anstöße. Kein Wunder, dass sie nun ihre Erfahrungen bei ihrer ersten Arbeitsstelle – die Beratung von ledigen Müttern – zum Thema ihrer Magisterarbeit machte. Es ging ihr um Teenager-Mütter und deren Lebensumwelt. Als sie ihren Magister feierte, kamen auch die amerikanischen Kinder und Enkel nach Deutschland, und es wurde ein wunderbares Fest. Pauls Rede zeigte ihr, dass er verstanden hatte, worum es ihr mit dem Studium gegangen war. Sie war glücklich in dieser Zeit. Eine Doktorarbeit sollte das Studium krönen.

Dazu sollte es aber nicht kommen. Die »kleine« Tochter hatte ihre »große Liebe« gefunden, heiratete mit gerade 22 Jahren, und natürlich wurde sie sofort schwanger. Dass es Zwillinge wurden, war zwar nicht geplant, aber auch das wurde als ein sehr freudiges Ereignis gefeiert. Allerdings steckte die Tochter noch mitten in ihrem Lehrerstudium und konnte daher nichts zum Lebensunterhalt beitragen. Das Schicksal schien sich zu wiederholen: Gertrud ließ ihre angefangene Dissertation liegen und widmete sich viele Stunden und Tage den Zwillingen, entlastete die übermüdeten Eltern und tröstete schließlich die weinende Tochter, als die »große Liebe« sich als wenig stabil erwies. Nun musste die junge Tochter, die alleine mit ihren Zwillingen dastand, noch mehr unterstützt werden – finanziell, mit praktischer Hilfe und psychisch. Das alles nahm Gertrud doch ziemlich viel Kraft, denn schließlich hatte sie ja auch noch einen Beruf, den sie nicht ganz vernachlässigen wollte.

Aber auch dieses Kapitel wurde gemeistert – allerdings war Paul dabei keine wirkliche Hilfe, er war allzu beschäftigt. Gertrud rechnete ihm aber hoch an, dass er sich nie beklagte, wenn das meiste von Gertruds Verdienst an die Tochter mit den Zwillingen ging und Gertrud viele Stunden damit verbrachte, Babysitter zu spielen.

Es gab immer wieder neue Herausforderungen. Gertruds Eltern waren erstaunlich lange gesund und frisch gewesen, doch plötzlich starben sie im Abstand von sechs Monaten: Eine unerkannte Krebserkrankung des Vaters, der Herzinfarkt der Mutter – Gertrud kam aus dem Trauern gar nicht heraus. Sie hatte damals oft den kranken Vater und nachher die alleine lebende Mutter besucht, hatte sich schon Gedanken gemacht, wie lange die Mutter noch alleine leben konnte – und war tief traurig, als sich »das Problem« so schnell gelöst hatte.

Aber die Eltern von Paul: Das war nun langsam wirklich ein Problem. Die Demenz des Vaters konnte nicht mehr übersehen werden, die Mutter wurde damit schwer fertig und fühlte sich selbst sehr schlecht, weil ihre Arthritis immer schlimmer wurde. Was war zu tun?

Kurz entschlossen nahm Gertrud beide Eltern in ihr

Haus. Es war Platz genug da, alle Kinder bereits ausgeflogen, sie richtete für die Eltern ein nettes neues Zuhause ein. Paul nahm es dankbar an – aber die damit verbundene Pflege konnte er kaum leisten, noch immer nahm seine Arbeit den wichtigsten Platz ein. Nun aber rebellierte Gertrud: Es waren schließlich seine Eltern, die sie da vom Morgen bis zum Abend betreute: die Arztbesuche der Mutter, die immer wirrer werdenden Reden des Vaters, der nun recht hässliche Seiten zeigte. Gertrud dachte im Geheimen, dass sich nun die »Hitler«-Seite herausschälte.

Es gab Streit, es gab ungemütliche Abende, weil die Eltern die Verabredung, man wolle am Abend alleine sein, kaum je einhielten.

Gertrud merkte, dass dies über ihre Kräfte ging. Das wollte sie nun nicht mehr aufgehalst bekommen. Wenn Paul nicht mithelfen konnte – gut, dann mussten die Eltern ins Heim. Nach einigem Zögern war Paul einverstanden. Die Übersiedlung ging besser vor sich als gedacht, und der Friede war wieder einmal hergestellt.

Die Jahre vergingen mit den üblichen Einschnitten: Berentung von Gertrud, Emeritierung von Paul – das Berufsleben stand also nicht mehr im Mittelpunkt. Und recht spät, aber sehr herzlich willkommen, schenkte ihnen der Sohn zwei Enkelkinder. Auch hier war Not am Mann: die Schwiegertochter, eine tüchtige Ärztin, der Sohn, ein Architekt – da gab es viele Kollisionen mit den Kinderterminen. Und siehe da: Paul verschwand nun nicht mehr dauernd im Arbeitszimmer, sondern war jederzeit bereit, die Kinder zu holen, zur Kita zu bringen oder zum Kinderarzt zu gehen. Gertrud hatte natürlich auch ihr Teil an Arbeit – aber beide arbeiteten nun zusammen.

Noch fühlen sich beide gesund, aber die doch recht

große Belastung mit den Enkeln, zwei lebhaften Jungen, merken sie mit jedem Jahr mehr, in diesem Punkt müssen sie sich ein wenig einschränken.

Gertrud und Paul genießen ein angenehmes Paarleben miteinander. Noch sind sie von größeren Altersbelastungen verschont geblieben.

An diesem Paar lässt sich recht gut ablesen, was Paare zusammenhalten kann, auch wenn sie nicht von Krisen und bösen Schicksalsschlägen verschont geblieben sind.

Durch ein besonders markantes Ereignis – die frühe Schwangerschaft von Gertrud – sind sie aufeinander verwiesen gewesen, ein Schicksal, das die meisten Paare nicht meistern. Beide sind aber äußerst verantwortungsbewusst, jeder kann sich auf den anderen verlassen. Dies prägt ihre Beziehung ein ganzes Leben lang. Selbst als Paul, dem in der Jugend natürlich einiges versagt blieb, einige Zeit lang auf Abwegen geht: In der größten Not bespricht er sich mit Gertrud und sie – erstaunlich genug – lässt dies geschehen. An diesem Punkt erweist sie sich eindeutig als die Stärkere; sie scheint zu verstehen, dass für Paul eine solche außereheliche Affäre tatsächlich nichts mit seiner tiefen Verbundenheit zu ihr selbst zu tun hat.

Sie gestalten ihr Leben sehr bewusst. Ihre Häuslichkeit ist wichtig, ihre Kinder werden gemeinsam erzogen und auch das »Problemkind« ist eine gemeinsam zu lösende Aufgabe. Ihre Ehe empfinden sie durch alle Schwierigkeiten hindurch als eine Team-Gemeinschaft.

Gertrud ist eine sehr früh »emanzipierte« Frau, die ihren Beruf ernst nimmt, die sich gleichberechtigt fühlt, obwohl sie es war, die mit ihrem Berufswunsch zurückstecken musste. Sie war aber nie eine »kämpferische« Feministin.

Dass Paul derjenige mit der großen Karriere sein darf (vermutlich hätte sie Ähnliches erreichen können?), nimmt sie hin; es ist sozusagen die natürliche Konsequenz ihrer frühen Mutterschaft, und sie hat Paul dies auch nie vorgeworfen. Vermutlich wären Frauen der Generation nach ihr mit dem gleichen Schicksal anders umgegangen und hätten versucht, diese Konsequenzen gleichmäßiger zu verteilen. So sehr man eine Schieflage auch in dieser Ehe sehen kann (Gertrud nimmt selbstverständlich die meisten frauenspezifischen Angelegenheiten auf sich): Für die Zeit, in der die beiden jung waren, galten andere Gesetze als für die nächsten Generationen. Gertrud war klug genug, dies zu begreifen und ihre Gemeinsamkeit nicht mit allzu heftig vorgetragenen feministischen Wünschen zu belasten.

Ist bei so viel Vernunft auf beiden Seiten nicht die Leidenschaft auf der Strecke geblieben? Offenbar ja. Aber nur bei Paul hat sich ein solches Defizit »gerächt«, und er ist plötzlich von unwiderstehlicher sinnlicher Leidenschaft fast zerrissen worden. Die Ehe der beiden lebt nicht von Sinnlichkeit, sie lebt vom großen Einverständnis, mit dem sie ihre gemeinsame Welt gestalten, auch vom Respekt für die Kompetenzen des anderen. Selbst als Gertrud ein Studium aufnimmt, das Paul seltsam anmutet, verlässt ihn dieser Respekt nicht. Er ist stolz auf Gertrud und sieht in diesem späten Wunsch eine Art von Kompensation dafür, dass sie in der Jugend auf vieles hatte verzichten müssen. Denn dass sie eine hervorragende Ärztin geworden wäre, auch in der Wissenschaft ihre Meriten hätte haben können, das ist für Paul ganz klar. Dass sie ihn für ihr »Kürzer-Treten« nicht bestraft hat, dafür ist er lebenslang dankbar.

Immer wieder zeigt sich – an den verschiedenen Wohnorten und in den USA –, dass die beiden die Fähigkeit haben, ein Leben bewusst zu gestalten: Ihre gemeinsame Welt mit Freunden, mit den Kinderproblemen, mit Freizeitaktivitäten ist es, die jedes Mal neu entsteht und von beiden getragen wird. Dass Pauls gutes Einkommen dabei keine geringe Rolle spielt, kann Gertrud sehen. Die »Dienstleistungen« empfindet sie daher als »ausgeglichen«.

Beide haben sich – ausgesprochen oder nicht – auf die Deutung ihrer Ehe als ein »Team« gut einlassen können und verlangen nicht, dass noch viele andere Dimensionen eine Rolle spielen. Um ein gutes Team abgeben zu können, müssen sowieso noch viele andere Dinge stimmen: Werthaltungen, Pläne und Respekt – um nur die wichtigsten zu nennen.

Um all dies realisieren zu können, braucht es allerdings starke Persönlichkeiten – Gertrud und Paul kann man bestimmt viel Stärke zuschreiben. Ihr »erfolgreiches« Leben als Paar wurde ihnen nicht geschenkt.

Niemals mehr? – Witwenschaft und zweite Bindung

Das Alleineleben nach dem Tod des langjährigen Partners ist eine schwierig zu meisternde Lebensaufgabe. Manchen gelingt sie gar nicht oder nur sehr behelfsmäßig. Man kennt die verschiedenen Szenarien: die untröstliche Witwe, die sich nur noch an die Kinder klammert und nie mehr zu einem eigenen Leben findet, weil sie alle bisherigen Aktivitäten immer nur an den Ehemann gebunden hat; der leicht verwahrloste Witwer, der sich furchtbar ungeschickt anstellt, auch bei den einfachsten häuslichen Aktivitäten; aber auch die Witwe, die endlich zu ihrem eigenen Leben findet, und natürlich den Witwer, der sich sofort nach Ersatz umsieht.

Es ist hier nicht der Platz, um Art und Form der Trauer nach dem Verlust des Lebensgefährten (der Lebensgefährtin) genauer zu analysieren. Wir wissen, dass man diese Trauer nicht überspringen kann, ohne sich selbst zu betrügen und dass es »Phasen« gibt, in denen die Trauer normalerweise abläuft. Manchmal überwiegt die Erleichterung (nach langer Leidenszeit des Partners), manchmal der Schock, aber fast immer tut sich eine Leere auf, die man langsam bewältigen muss. Dies gilt auch für nicht besonders glückliche Ehen. Und an bestimmten Jahrestagen und bei bestimmten Ereignissen bricht die Trauer wieder vehement hervor. Rituale können helfen: den runden Geburtstag des Verstorbenen in der Familie zu feiern, der

Gang zum Grab, in religiös-katholischen Familien die Gedenkmesse am Todestag – was auch immer der Trauer und dem Gedenken eine Gestalt geben kann, ist für viele Menschen hilfreich.

Uschi, 80 Jahre alt, die ich bei einem einwöchigen Malkurs kennen lernte, war ein sehr belebendes Element in der kleinen Gruppe: zugewandt, lebendig und freundlich. Sie erzählte, dass sie vor fünf Jahren ihren sehr viel älteren Ehemann verloren hatte und sagte: »Ich vermisse ihn immer noch.« Sie wirkte ganz und gar nicht wie eine verlassene und traurige Witwe. Das war sie auch nicht, sie hatte viele Interessen, sie liebte ihre Ferienwohnung auf Sylt, sie malte und zeichnete sehr hübsch und mit viel Freude – aber, wie sie sagte: »Es gibt eine Leerstelle, der tägliche Austausch fehlt.« Das ist natürlich schwer zu ersetzen. Die Aktivierung alter Freunde als Gesprächspartner ist nicht immer leicht, aber versuchen sollte man es auf jeden Fall. Auch Uschi hat dies getan. Ein Jahr nach unserer ersten Begegnung berichtete sie ein wenig verschämt, es gäbe komischerweise »Schmetterlinge im Bauch« – der verwitwete Nachbar … sie hätten sich immer schon gemocht. Ja, es sei natürlich nicht zu vergleichen mit ihrem verstorbenen Mann – aber dennoch … Ich freute mich für sie!

Ich halte es für recht unwahrscheinlich, dass aus der großen Not heraus wieder eine neue und solide Partnerschaft entsteht, diese gelingt wohl nur, wenn man Abstand hat und sich selbst wieder ein neues Leben aufgebaut hat.

Die meisten alten Menschen, wenn sie ihren Partner verloren haben, trauen sich einen Neuanfang nicht mehr zu, denken wohl auch, dass es keine Chancen mehr für sie gibt. Dies gilt ganz besonders für Frauen. Tatsächlich haben Männer hier wie in den meisten anderen Gesellschaften eine größere Bandbreite an Auswahlmöglichkeiten, daran ist nicht zu zweifeln.

Es stimmt aber nicht unbedingt, dass alle verwitweten Männer nur mehr eine Gefährtin suchen, die 20–30 Jahre jünger ist. Wenn man Heiratsannoncen liest, kann man feststellen, dass sich in den letzten Jahren in dieser Beziehung viel verändert hat. Auch im Internet bei den Partnerschaftsbörsen hat sich da einiges getan. Wie immer man zum Internet steht: Es ist Tatsache, dass sich auch auf diesem Weg Paare finden, die noch eine gute Zeit miteinander haben können.

Hilde hat ihren Mann Olaf sehr plötzlich durch einen Herzinfarkt verloren, da waren sie 45 Jahre lang verheiratet gewesen, hatten vier Kinder und fünf Enkelkinder miteinander und ein langes und interessantes Paarleben hinter sich. Nicht alles war reibungslos gewesen – bei zwei sehr prononcierten und auch eigenwilligen Charakteren ist dies ja auch nicht unbedingt zu erwarten. In den mittleren Jahren hatte es Streit gegeben, oft waren es recht banale Dinge gewesen, zum Beispiel über den Umgang mit Geld. Als durch den Tod von Olafs Vater ein recht hübsches Erbe in Form eines Miethauses anstand, hatten diese Konflikte allerdings nie mehr im Vordergrund gestanden. Andere Dinge waren schwieriger gewesen: Eifersucht (nicht immer unberechtigt), die eher vorsichtige Art von Hilde im Gegensatz zu Olafs Leichtlebigkeit, die sie übrigens in die finanziellen Krisen getrieben hatte – und was in einem langen Leben eben so ansteht. Eines aber war immer gleich geblieben: Sie hatten miteinander reden können, sie hatten immer noch, bis zuletzt, die Welt und ihre Geschehnisse gemeinsam überlegt, hatten beide ähnliche Interessen am politischen Geschehen, an Literatur und an leichten sportlichen Aktivitäten.

Nun brach mit einem Blitzschlag alles weg. Hilde, 69 Jahre alt, war zum ersten Mal seit Studententagen alleine. Drei ihrer Kinder lebten in anderen Städten, die Tochter, die in derselben Stadt wohnte, wollte sie auch nicht dauernd mit ihrer Trauer belasten. Sie versank in große Schwermut, weinte viel, ließ sich von einer Therapeutin beraten, selbst Medikamente versuchte sie. Diese warf sie allerdings schnell wieder weg, das erschien ihr als unpassend, schließlich war die Trauer um den Gefährten ja nichts Krankes, wie sie meinte. Die Gespräche mit der Therapeutin taten ihr gut, aber dass sie sich selbst helfen musste, das wusste sie natürlich.

Ihre Tochter fand nach einem Jahr, dass nun »genug« getrauert sei, die Mutter müsse wieder einen Partner finden. Schließlich sei sie noch immer sehr attraktiv, habe ihre schöne Figur behalten, sähe nach wie vor »wie eine Königin« aus und so weiter. Hilde hatte den Verdacht, dass die Tochter einfach eine Sorge los sein wollte. Sie konnte ihr das nicht ganz verdenken, wusste aber, dass sie nicht bereit war für eine neue Beziehung. Die Tochter, auch im Verein mit den anderen Kindern, ließ nicht locker. Kurz entschlossen meldete sie ihre Mutter bei einer Internet-Partnerschafts-Vermittlung an. Hilde wurde doch ein wenig neugierig; es war ein Zeitvertreib, es war ganz interessant zu sehen, wer sich tatsächlich für eine fast 70-Jährige interessierte. Nun, es war vorhersehbar: 80- bis 90-Jährige, denen unverblümt an einer Versorgung gelegen war. Hilde meldete sich wieder ab. Im zweiten Jahr ihrer Witwenschaft aber hatte sie einiges über ihr Leben gelernt: wie man alte Freundschaften wieder belebt, wie man sogar neue Beziehungen anknüpft, mit wem sie worüber am besten sprechen konnte – alle Kompetenzen, die Singles haben müssen, musste sie neu erlernen. Sie lernte schnell, plötzlich machte das Leben wieder Freude. Wenn sie sich im Spiegel ansah, dann fand sie sich gar nicht so übel.

In dieser Situation meldete sie sich wieder bei der Partnerschaftsvermittlung an. Diesmal gab sie sich nicht als traurige »fast 70-jährige« Witwe aus (obwohl sie nun wirklich schon 70 war), sie schummelte ein wenig mit dem Alter und gab »66« an, das schien ihr frecher.

Neben den üblichen langweiligen Zuschriften von alten, versorgungsbedürftigen invaliden Rentnern gab es nun einige nicht uninteressante Bewerber. Sie mailte, sie telefonierte, zwei Mal traf sie sich und winkte schnell wieder ab. Der Brief eines 70-jährigen höheren Bankangestellten gefiel ihr dann aber doch so gut, dass sie sich nochmals zu einem Treffen aufraffte. Er hatte witzig geschrieben, er hatte offenbar ein schweres Leben hinter sich mit einer chronisch kranken Frau, die er gepflegt hatte – sie verstanden sich recht gut, und sie dachte, dass dies wohl eine Freundschaft werden könnte. Zwar hatte sie gerade den Beruf eines Bankangestellten immer als ein Synonym von Langeweile empfunden, hatte natürlich in den letzten Jahren diesem Beruf gegenüber auch die allgemeine Skepsis geteilt, aber dies alles trat in den Hintergrund, wenn sie ihn traf und sein strahlendes Gesicht sah – denn offensichtlich hatte er sich wirklich in sie verliebt. Dass sie mit dem Alter geschummelt hatte, gestand sie schon beim ersten Treffen – er lachte nur darüber und meinte, dass dies doch immer schon das Vorrecht der Frauen gewesen sei.

Es begann eine längere Geschichte, teils durch Briefe, teils durch Telefonate und durch persönliche Begegnungen aufrecht erhalten. Hildes neuer Verehrer lebte in einem ländlichen Ort, eineinhalb Fahrstunden von ihrem Wohnort entfernt, man konnte sich also nicht spontan treffen. Hilde in ihrer Ängstlichkeit wollte aber auch nicht mehr als eine freundschaftliche Beziehung. Ihrem Olaf kam der »Neue« absolut nicht gleich. Es gab so viel, was sie trennte, sein Geschmack zum Beispiel. Als sie sein Haus betrat, sah sie sofort: spießiger Geschmack, alles braun in braun, mit wuchtigen Möbeln. Der »Neue« (Peter hieß er) hatte zum Abendessen Pizza bestellt, weil er es so »gemütlich« fand, gemeinsam und alleine auf dem Balkon zu essen. Olaf hatte Designer-Möbel bevorzugt und war gerne in »angesagte« Lokale essen gegangen. Er hatte übrigens damit auch immer wieder die früher schmale Haushaltskasse schmerzlich geplündert – eines der Streitthemen. Ja, Olaf war zwar »großzügig« gewesen, aber auf wessen Kosten? Na ja, der »Neue« aber hatte eben definitiv nicht das ästhetische Feingefühl von Olaf. Kam es darauf an?

Hilde erzählte einer guten Freundin von der ganzen Sache und auch von ihren Bedenken. »Bist du verrückt?«, sagte diese ehrlich entrüstet. »Da findest du mit 70 Jahren wirklich noch einen netten Verehrer, der dich offenbar liebt – und du willst ihn verscheuchen, weil er nicht deinen großbürgerlichen Geschmack hat? Vermutlich hat er keine geringe Pension, das lässt sich doch alles ganz schnell ändern. Geh eben mit ihm einkaufen.« Hilde wollte allerdings nicht ganz so nahe sein. Peter sollte sie lieber in ihrer Stadt besuchen kommen, ganz langsam sollte man alles angehen, damit sich eventuell – aber nur ganz eventuell – neben der Freundschaft auch etwas anderes entwickeln könnte.

Diese immer häufigeren Besuche entwickelten ihre ganz eigene Dynamik. War Hilde alleine mit Peter, dann konnte sie sich entspannen, sie fühlte sich ihm gegenüber frei und zufrieden, plauderte angeregt und war fasziniert davon, wie viel er wusste: aus dem Bereich der Biologie, seinem großen Hobby, aus der Politik und natürlich auch aus dem Finanzwesen (ganz nebenbei gab er Hilde hervorragende Tipps zum Geldanlegen). Vor allem hatte er ein recht sicheres Gefühl für andere Menschen. Hilde sah nun oft mit Verblüffung an ihren alten Bekannten ganz andere Seiten als vorher. Hilde war selbst überrascht, wie sehr sie Peter vermisste, wenn er nicht bei ihr war.

Stellte sie Peter allerdings anderen Menschen vor, dann wurde sie wieder unsicher: Peter trug zu einem blauen Anzug braune Schuhe, Peter benahm sich irgendwie unsicher und linkisch. Er zeigte gar nichts von sich – Hilde verkrampfte sich, wenn sie nicht zu zweit waren.

In solchen Situationen war die Freundin eine gute Hilfe. Hilde lernte viel über sich selbst, ihre Arroganz (war das nur ihre Arroganz oder hatte sie sich Olaf allzu sehr angepasst?), darüber, wie eng sie Menschen bisher oft beurteilt hatte. Die Freundin wies sie immer wieder darauf hin, wie gut sich ihr Leben mit Peter angelassen hatte. Hatte es mit Olaf nicht auch immer wieder einmal Probleme gegeben? Die Freundin erinnerte sich sehr gut und verwies Hilde das Idealisieren.

Peter kam jetzt sehr oft; er gehörte zu ihrem Leben und Hilde war glücklich, dass auch ihre Kinder ihn mochten. Man feierte Weihnachten, Geburtstage und andere Feste miteinander, Hilde und Peter gingen auf Reisen und kamen angeregt und fröhlich zurück.

In die kleine Ortschaft, in der Peter lebte, wollte sie jedoch auf keinen Fall ziehen (Peter hätte das gerne gehabt), aber sich ganz und gar auf ihn einzulassen, indem sie mit ihm gemeinsam in ihrem Wohnort lebte: Das war ihr allzu nahe. Er seinerseits war auch nicht begeistert davon, seine alten Freunde zu verlassen. Kinder hatte er zwar nicht, aber die Neffen und Nichten waren ihm ans Herz gewachsen.

Die beiden haben heute noch ihre getrennten Wohnungen. Mehr und mehr Zeit aber verbringen sie miteinander, so dass man eigentlich gar nicht mehr von einer »Liebe auf Distanz« sprechen kann. Ja, Liebe: So bezeichnet Hilde das Gefühl jetzt auch. Peter gehört zu ihr; anders als Olaf einmal zu ihr gehört hatte, aber so, dass sie sich sicher fühlt bei ihm. Sie weiß, dass sie auch dann, wenn ihre Lebenssituation sich durch Krankheit und Invalidität verändern würde, füreinander da sein werden.

Natürlich gehen nicht alle Witwenschaften so glücklich aus wie die von Hilde. Voraussetzung ist sicher ein gewisser Lebensmut und auch Risikobereitschaft. Etwas anderes ausprobieren, das Leben verändern, vielleicht auch neue Gewohnheiten zulassen: Das alles schafft Voraussetzungen für ein gelingendes Leben – ob mit oder ohne Partner.

Zweifellos sind die Umstellungen auf das Single-Leben nicht leicht, wenn man die Gewohnheiten eines langen Partnerschaftsmodells lieb gewonnen hat und schmerzlich vermisst. Das Frühstück auf dem Balkon bei gutem Wetter, die Fahrten in die Großstadt, wenn man etwas Besonderes einkaufen wollte, das immer gemeinsam aufgesuchte Restaurant, in dem man ein besonders gutes Steak gegessen hatte – alle diese Erinnerungen treffen immer wieder schmerzlich auf wunde Punkte. Oft auch auf Reue. War man nicht allzu ungeduldig gewesen, wenn Fritz immer wieder vergessen hatte, die Scheckkarte mitzunehmen? Wenn Dore immer dieselben Geschichten erzählte? Wenn sie den Kindern viel zu große Geschenke gemacht hatte? Wenn er bei der Menüauswahl im Restaurant zuerst die Ausgabenseite studierte? So kann man lange Listen aufzählen, anhand derer man die Sünden der Vergangenheit durchkaut.

Natürlich kann man auch Gegenrechnungen aufmachen – ab und zu ist das nicht das Schlechteste. Es hilft gegen das Idealisieren, tritt dem Selbstmitleid entgegen.

Neue Freundschaften? Alte wiederbeleben? Alles ist möglich. Das Internet kann helfen, Jugendfreunde wieder zu finden; E-Mails haben schon manche Freundschaft aufgefrischt – vorausgesetzt, man ist auch noch mit 75 (oder älter) bereit, sich einweisen zu lassen in all diese neuen Künste.

»Gott sei Dank, jetzt bin ich wieder mit der Welt verbunden«, sagte die 80-jährige Mutter eines Bekannten, als sie von Gran Canaria zurückkam und ihren PC aufmachte. Ihr Geburtstagswunsch zum 80. war ein iPhone gewesen. Und dabei hatte sie bis vor vier Jahren alles vehement abgelehnt, was mit diesen neuen Techniken zu tun hat. Erst als ihr Mann starb, ging sie daran, seinen alten PC zuerst zu umkreisen und dann in Besitz zu nehmen. Sicher wird sie demnächst auch ihr iPhone konstruktiv verwenden können.

Die Trauer um eine versunkene gemeinsame Welt wird bestimmt viele Menschen, die einen langjährigen Partner verloren haben, weiter begleiten: als leise Wehmut, als fester Besitz im eigenen Inneren.

Peter und Hilde erzählen einander sehr viel über ihre Vergangenheit: Auch dies schafft wieder ein Stück »gemeinsame Welt«. Beide haben – alles in allem – eine gute und lange Partnerschaftszeit verlebt und können sich daher mit viel Freude daran erinnern. Manches Ungute in dieser Vergangenheit aber haben sie sich inzwischen auch mitgeteilt. Hilde kann manchmal selbst nicht mehr verstehen, warum sie so entsetzt war über die dunklen Teppiche in Peters Wohnung (übrigens hat er diese auf ihren Rat hin auch ausgewechselt) und dagegen Olafs ausgesuchten Geschmack gesetzt hat. Wie sehr hat sich ihr Bild von den Menschen verändert! Hätte Olaf sie so rührend gepflegt wie Peter das bei seiner schwer kranken Frau gemacht hat? Sie muss das bezweifeln.

Die Erinnerungen an die frühere Ehe auf einen Nenner zu bringen, das gelingt immer schlechter. Die Seitensprünge von Olaf – früher einmal abgebucht als Zeichen seiner Lebhaftigkeit und Neugierde – sie zeigen nun ein anderes Gesicht. Wie viel Rücksichtslosigkeit steckte nicht auch dahinter? Im Lichte einer neuen Beziehung, wenngleich längst nicht so dicht wie die frühere, werden neue Maßstäbe sichtbar. Das schmerzt manchmal, aber es tut Hilde auch gut. Sie möchte das Rad nicht zurückdrehen.

Es gibt kein für alle alleinlebenden alten Menschen passendes Modell: Die eigene Wohnung behalten und eventuell auf immer mehr Hilfe von außen angewiesen zu sein? Rechtzeitig ins Seniorenheim gehen (womöglich noch mit dem Partner)? Eine »Altenkommune«? Ein Mehrgenerationenhaus?

Nichts kann darüber hinwegtrösten, dass einer der beiden alleine zurückbleibt, eventuell krank wird und sich mit dem Gedanken an seine eigene Endlichkeit bekannt machen muss. Wie viel man aber schon durch Ängste und Trauer vorwegnimmt, das kann man steuern. Es gibt viele Menschen, die uns vorgelebt haben, wie man diesen Lebensabschnitt produktiv gestalten kann – ohne die Wehmut ganz auszublenden. Diese gehört dazu.

Empfohlene Literatur

Berger, Peter L. und Luckmann, Thomas (1969) Die gesellschaftliche Konstruktion der Wirklichkeit. Eine Theorie der Wissenssoziologie. Fischer, Frankfurt am Main.

Enright, Robert D. (2006) Vergebung als Chance. Neuen Mut fürs Leben finden. Huber, Bern.

Jaeggi, Eva (2005) Tritt einen Schritt zurück und du siehst mehr. Gelassen älter werden. Herder, Freiburg i. Br.

Jellouschek, Hans (2008) Wenn Paare älter werden. Die Liebe neu entdecken. Herder, Freiburg i. Br.

Kruse, Andreas (Hg.) (2011) Kreativität im Alter. Universitätsverlag Winter, Heidelberg.

Mahlmann, Regina (2003) Was verstehst du unter Liebe? Ideale und Konflikte von der Frühromantik bis heute. Primus, Darmstadt.

Retzer, Arnold (2009) Lob der Vernunftehe. Eine Streitschrift für mehr Realismus in der Liebe. Fischer, Frankfurt am Main.

Schmidbauer, Wolfgang (2003) Altern ohne Angst. Ein psychologischer Begleiter. Rowohlt, Reinbek.

Über das Älterwerden

**Patricia Tudor-Sandahl
Das Leben ist ein
langer Fluss**
Über das Älterwerden
160 Seiten | Paperback
ISBN 978-3-451-05923-0

Älterwerden ist immer auch ein Abenteuer. Denn aus der Überwindung von Verunsicherung, Angst und Sorge erwachsen neue Chancen.
Ein nachdenkliches, humorvolles und inspirierendes Buch.

In jeder Buchhandlung

HERDER
Lesen ist Leben

www.herder.de